O GUIA MONTESSORI

PARA BEBÊS E CRIANÇAS

Título original: *The Montessori Book For Babies & Toddlers: Grow Mindfully and Playfully while Supporting Independence.* Publicado originalmente pela TG Edition, em 2023. Traduzido a partir da 1ª edição em inglês.

Grafia conforme o novo Acordo Ortográfico da Língua Portuguesa.

1ª edição, 2024.

Editores: Jair Lot Vieira e Maíra Lot Vieira Micales
Coordenação editorial: Karine Moreto de Almeida
Tradução: Daniel Moreira Miranda
Preparação de texto: Maria Fernanda de Souza Rodrigues
Revisão: Fernanda Godoy Tarcinalli
Diagramação: Aniele de Macedo Estevo
Adaptação de capa: Ana Luísa Regis Segala
Imagens: nataliaderiabina – freepik.com (capa); Tatiana Syrikova – Pexels (p. 4, 8, 17, 62 e 118); cottonbro studio – Pexels (p. 6, 13 e 102); freepik.com (p. 15); Halfpoint – Adobe Stock (p. 18); camomileleyla – freepik.com (p. 19); sandsun – Adobe Stock (p. 26); Keira Burton – Pexels (p. 33); PNW Production – Pexels (p. 34); Karolina Grabowska – Pexels (p. 43); Anastasia Shuraeva – Pexels (p. 46); Sasha Kim – Pexels (p. 61); FG Trade Latin – iStock (p. 67); Nataliya Vaitkevich – Pexels (p. 72); oksix – freepik.com (p. 79); Kraken Images – Pexels (p. 82); Rene Asmussen – Pexels (p. 98); Emma Bauso – Pexels (p. 101); Tara Winstead – Pexels (p. 140); user4541274 – freepik.com (gráficos das p. 9, 27, 35, 47, 63, 83, 103, 119 e 141)

Dados Internacionais de Catalogação na Publicação (CIP)
(Câmara Brasileira do Livro, SP, Brasil)

Stampfer, Maria

O guia Montessori para bebês e crianças : estimule criatividade e independência para filhos mais felizes / Maria Stampfer ; tradução Daniel Moreira Miranda. – São Paulo : Caminho Suave, 2024.

Título original: The Montessori book for babies & toddlers

ISBN 978-65-86742-36-7 (impresso)
ISBN 978-65-86742-37-4 (e-pub)

1. Atividades lúdicas 2. Brincadeiras 3. Crianças – Desenvolvimento 4. Educação de crianças – Participação dos pais 5. Método Montessori de Educação I. Título.

24-207506 CDD-371.392

Índice para catálogo sistemático:
1. Método Montessori : Educação : 371.392

Cibele Maria Dias – Bibliotecária – CRB-8/9427

Caminho Suave Edições
São Paulo: (11) 3107-7050 • **Bauru:** (14) 3234-4121
www.caminhosuave.art.br • **edipro@edipro.com.br**
@editoracaminhosuave

O livro é a porta que se abre para a realização do homem.

Jair Lot Vieira

O GUIA MONTESSORI

PARA BEBÊS E CRIANÇAS

ESTIMULE CRIATIVIDADE
E INDEPENDÊNCIA PARA
FILHOS MAIS FELIZES

MARIA STAMPFER

Tradução:
Daniel Moreira Miranda

Caminho Suave
edições

SÍMBOLOS

Estes símbolos servem como guia! Eles podem ser encontrados ao lado dos exercícios e indicam qual área é trabalhada com aquela atividade.

Coordenação olho-mão

Formas e cores

Linguagem e audição

Tato

Treinamento cognitivo

Atividades da vida prática

SUMÁRIO

PREÂMBULO

"É possível imaginar uma nova sociedade em que as pessoas serão mais capazes porque confiaram em si mesmas quando eram crianças".

Maria Montessori

Montessori se mantém extremamente relevante! As raízes do método Montessori remontam há mais de 100 anos. No entanto, mesmo atualmente, não perdeu sua importância e relevância. Pelo contrário, o número de escolas e creches que utilizam a abordagem está em constante crescimento.

A essência do método Montessori reside em facilitar o rápido desenvolvimento autônomo da criança, promovendo a formação de um indivíduo independente, capaz de assumir responsabilidade tanto por si mesmo quanto pelos outros. Dessa forma, o método Montessori pode ser combinado com o enfoque da educação baseada em vínculos e necessidades.

O nosso objetivo é apresentar as ideias fundamentais do método de Maria Montessori e, de forma clara, transmitir os princípios que o acompanham. O livro contém exemplos para que as ideias do método Montessori sejam realizadas em casa.

Um ponto central do método Montessori são os materiais que as crianças utilizam e que as ajudam a se desenvolver. Este livro abrange muitas ideias de atividades para crianças de até 3 anos. Grande parte das atividades pode ser realizada com objetos normalmente encontrados em casa. A maioria dos outros materiais tem um custo acessível, e pode ser encontrada em lojas de artesanato ou de departamento. Assim, é possível colocar as ideias em prática mesmo com um orçamento limitado.

Além disso, quase todas as atividades são fáceis de executar. Como o tempo dos pais geralmente é escasso, não se deve investir mais tempo do que o necessário na implementação das atividades lúdicas.

Uma vez que o desenvolvimento da criança ocorre de forma muito mais veloz nos seus primeiros 3 anos de vida, o livro está segmentado em pequenos passos e em diferentes marcos temporais. Cada capítulo inicia com informações sobre o desenvolvimento da criança naquele momento. Os dados informados correspondem à média de cada fase. Algumas crianças podem se desenvolver mais rapidamente em uma área e mais lentamente em outra, dependendo do momento em que essas fases cruciais surgem. Portanto, ao oferecer jogos, certifique-se sempre de que são adequados ao nível de desenvolvimento e aos interesses da criança.

Este livro também pretende motivar a percepção desse período desafiador que se passa com as crianças como algo de imenso valor. Durante esses primeiros anos, as crianças não estão apenas aprendendo a entender o mundo, mas também a si mesmas. Na fase da autonomia, que muitas vezes é bastante desafiadora para os pais, e que antes era vista como a fase do desafio, a criança não está agindo contra os pais (mesmo que pareça estar), mas a favor do próprio desenvolvimento.

O método Montessori trata as crianças com respeito e reconhece que elas frequentemente se sentem sobrecarregadas por seu ambiente e têm a capacidade de absorver as impressões ao seu redor como uma esponja. Por meio da observação cuidadosa dos filhos, os pais podem aprender a atender às necessidades da criança e a promover sua autonomia e a vontade de cooperar. Mediante atividades do dia a dia, é possível aumentar a participação da criança e fazer com que ela se sinta um membro valioso da família.

Este livro tem por objetivo fornecer as ferramentas necessárias para interagirmos pacificamente com as crianças e, ao mesmo tempo, contribuirmos para o desenvolvimento de suas personalidades autônomas.

INTRODUÇÃO

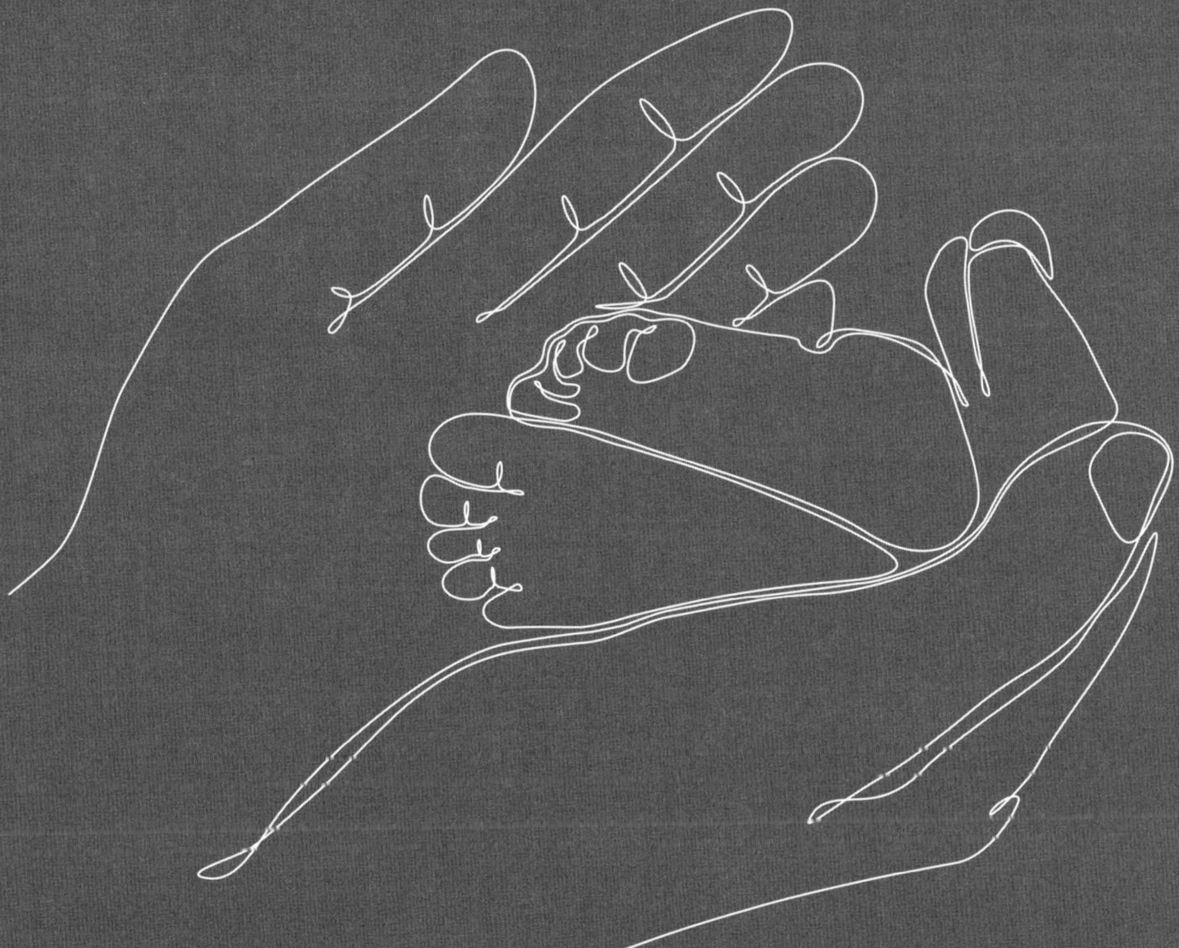

OS PRINCÍPIOS DO MÉTODO MONTESSORI

Maria Montessori, pioneira em sua área, criou uma estrutura complexa com o seu método, cujos princípios fundamentais serão brevemente apresentados aqui.

A MENTE ABSORVENTE INCONSCIENTE

Maria Montessori acreditava que as crianças entre 0 e 6 anos de idade podem absorver e coletar informações quase sem esforço, e que, além disso, são muito sensíveis ao seu entorno. Essas impressões coletadas são, em seguida, incorporadas ao seu desenvolvimento.

De acordo com Montessori, as crianças dessa idade absorvem estímulos como uma esponja embebida em água. E essa mente absorvente traz uma enorme responsabilidade para os adultos, que devem servir de modelos positivos para as crianças. Maria Montessori compara isso ao fato de que uma esponja não faz distinção entre a água limpa e a suja: ela absorve tudo. Da mesma forma, as crianças registram, implementam e copiam comportamentos positivos e negativos.

O ADULTO PREPARADO

Pais e educadores desempenham um papel essencial no método Montessori. Os adultos devem aceitar os erros da criança sem corrigi-los, conduzi-la por meio de bons exemplos e não perturbar seus momentos de concentração. Eles devem se libertar de ideias preconcebidas em relação às crianças e, em vez disso, buscar informações sobre o desenvolvimento infantil.

O AMBIENTE PREPARADO

No método Montessori, cabe ao adulto a responsabilidade de criar um ambiente preparado, no qual a criança possa se desenvolver. O adulto decide sobre os móveis e sobre a natureza e a quantidade dos objetos presentes nesse ambiente. De acordo com o método Montessori, um ambiente bem-preparado permite que a criança se desenvolva livremente dentro de limites estabelecidos. A criança é independente e tem certa liberdade de escolha nesse ambiente. Isso, no entanto, não implica que os pais renunciem totalmente ao controle. A criança experimenta autonomia em decisões diárias. E poderá, por exemplo, escolher o que vestirá no dia seguinte, entre duas opções sugeridas pelo adulto. A criança poderá escolher seu lanchinho e pegar algo da fruteira que foi previamente organizada pelos pais. Mais adiante, explicaremos como estabelecer um ambiente Montessori em sua casa.

DESENVOLVIMENTO INDIVIDUAL

O desenvolvimento único de cada criança precisa ser reconhecido pelos pais, que devem evitar comparações com outras crianças. É crucial que os pais respeitem os interesses individuais, a abordagem de aprendizado específica e as preferências de aprendizado de cada criança.

MOTIVAÇÃO INTERNA PARA APRENDER

As crianças possuem uma motivação intrínseca para aprender coisas novas. Elas se surpreendem facilmente, são curiosas e estão sempre prontas para aprender. Pais e educadores podem direcionar esse amor pelo aprendizado e ajudá-las a desenvolver sua personalidade. Do aprendizado prático e concreto surge uma motivação especial, possibilitando que as crianças realizem suas próprias experiências táteis. Elas se tornam ativas nesse processo. E isso pode levar a um aprendizado mais profundo.

FASES SENSÍVEIS

Montessori denomina "fases sensíveis" os períodos em que as crianças estão especialmente receptivas a aprender certas habilidades ou conceitos. Isso ocorre quase sem esforço. Os adultos reconhecem essas fases por algum forte interesse da criança. Um bebê que começa a imitar sílabas está entrando na fase sensível da linguagem. Uma criança que, de repente, só quer brincar sem parar está especialmente receptiva a padrões de movimento específicos. Montessori identifica sete fases sensíveis nos primeiros anos de vida:

0 a 1 ano: Fase sensível do apego

Neste período, a conexão entre pais e filhos é mais forte. Nesta fase, a criança depende completamente dos pais, que precisam reagir às necessidades das crianças de forma imediata e adequada. Dessa forma, podem mostrar a elas que são importantes e que suas necessidades estão sendo atendidas. Um vínculo seguro durante a infância estabelece a base para a saúde mental futura.

0 a 6 anos: Fase sensível da ordem

Os bebês, em especial, têm uma grande necessidade de ordem e rotina. Eles estabelecem certos padrões de comportamento e atribuem cada coisa a uma função específica e a um lugar particular. É dessa forma que as crianças aprendem o significado lógico das coisas.

6 meses a 6 anos: Fase sensível do movimento

No primeiro ano de vida, os bebês vão adquirindo cada vez mais movimentos. Eles engatinham, se sentam, e muitos começam a andar. Esse desenvolvimento continua nos anos seguintes, e não se limita apenas à locomoção. A habilidade motora fina também é aprimorada continuamente.

0 a 7 anos: Fase sensível da linguagem

Os pais podem contribuir para a aquisição da linguagem natural das crianças lendo em voz alta, contando histórias e iniciando conversas.

0 a 6 anos: Fase sensível dos sentidos

Durante os primeiros meses, os objetos são explorados predominantemente com a boca, mas, com o tempo, o tato e a aparência se tornam cada vez mais interessantes. As crianças também são especialmente receptivas a odores e sabores.

18 meses a 7 anos: Fase sensível dos objetos pequenos

As crianças adoram objetos pequenos, que possam carregar consigo ou guardar em caixinhas. Elas praticam suas habilidades motoras finas nesse processo.

0 a 6 anos: Fase sensível da aprendizagem social

À medida que crescem, as crianças começam se integrar em grupos sociais. Nesse período, os pais têm uma ótima oportunidade para ensinar boas maneiras, servindo de exemplo.

OBSERVAÇÃO

Este é um dos elementos fundamentais do método Montessori. Os adultos observam as ações da criança e, dessa forma, identificam precocemente fases sensíveis e novos interesses, o que lhes permite oferecer uma resposta adequada ao estágio do desenvolvimento. No início, a observação profunda e neutra da criança brincando pode parecer um pouco estranha. No entanto, ela desempenha um papel crucial em relação ao apoio e ao desenvolvimento.

MATERIAIS PREPARADOS

"Me ajude a fazer sozinho. Me mostre como fazer. Não faça por mim. Eu posso e vou fazer sozinho. Tenha paciência para entender o meu jeito. Ele pode ser mais complexo e demorar mais, porque quero tentar muitas vezes. Me deixe errar até cansar, pois é assim que eu aprendo".

Maria Montessori

O método Montessori se baseia em conceitos de atividade e material. A brincadeira é vista como aprendizado. Por meio da diversão durante as brincadeiras, a criança consegue relaxar e construir sua personalidade, criando assim sua identidade. Portanto, as brincadeiras não devem nunca ser subestimadas.

QUAIS MATERIAIS SÃO UTILIZADOS?

O método Montessori classifica os materiais em três grandes grupos: materiais de linguagem, matemática e sensorial. Esses materiais de desenvolvimento proporcionam uma experiência prática envolvendo todos os sentidos da criança, promovendo assim o desenvolvimento emocional e cognitivo. Para crianças de até 3 anos, os materiais sensoriais são especialmente relevantes, pois estimulam os cinco sentidos humanos (visão, tato, paladar, audição e olfato) e proporcionam uma experiência mais detalhada, caracterizada por um forte apelo visual.

A aprendizagem prática no método Montessori tem por objetivo fortalecer a autonomia da criança, proporcionando a ela a sensação de igualdade com relação aos adultos. O desejo natural de movimento da criança é direcionado para objetivos tangíveis, como lavar as mãos ou regar as plantas, enquanto as atividades cotidianas são realizadas de maneira lúdica, promovendo o desenvolvimento da coordenação motora grossa e fina, além da prática de sequências de movimentos.

A "educação cósmica" desempenha um papel significativo no método Montessori, integrando áreas como geografia, geologia, história, física, química e biologia. Maria Montessori não tinha a intenção de ensinar essas áreas isoladamente, mas relacioná-las entre si, destacando sua importância para o todo, ou seja, o mundo (o cosmos). Isso revela as interações entre o ser humano e a natureza. A criança reflete sobre seu entorno, reconhece seu lugar no mundo e compreende que é responsável por suas ações, causando impacto em outras coisas. Para crianças pequenas, a educação cósmica pode ser implementada, por exemplo, por meio de um calendário, de pequenos experimentos ou de cartões de emoções que apresentem pessoas de diferentes cores de pele.

PRINCÍPIOS DOS MATERIAIS MONTESSORI

Os materiais do método Montessori devem possuir cinco características:

I. Cada material destaca um elemento específico do aprendizado, como forma, tamanho ou peso.

II. Os componentes individuais dos materiais são organizados em níveis, diferenciados gradualmente entre si. Um exemplo disso é a Torre Rosa, em que o comprimento das arestas de um cubo é sempre um centímetro menor que o anterior.

III. Os brinquedos permitem que a criança controle seus próprios erros de maneira independente. Em atividades como quebra-cabeças ou jogos de encaixe, há sempre mais de uma maneira correta de resolver, permitindo à criança corrigir seus próprios equívocos e promover um alto nível de autonomia.

IV. Os brinquedos são projetados para serem limpos e esteticamente atraentes. No método Montessori, há preferência por materiais de madeira, que proporcionam apelo tátil e visual, além de serem duráveis.

V. Os materiais incentivam a criança a realizar atividades de forma ativa, promovendo sua participação direta no processo de aprendizado.

COMO ESCOLHER OS MATERIAIS?

Uma tarefa importante para pais e educadores no método Montessori é a observação da criança. Essa prática permite que eles reajam prontamente aos passos do desenvolvimento cognitivo e emocional, oferecendo materiais correspondentes para continuar apoiando a criança. Os brinquedos oferecidos devem se alinhar aos interesses e ao estágio de desenvolvimento da criança, ambos altamente individuais. Os pais não devem simplesmente seguir diretrizes, mas observar atentamente os interesses específicos da criança. Se a criança não se interessa por exercícios de classificação, não faz sentido oferecer diferentes formas desses exercícios, semana após semana, apenas porque os manuais indicam que crianças dessa idade deveriam se interessar por essas atividades. Em vez disso, é muito mais enriquecedor para ambas as partes selecionar materiais que realmente interessem à criança e com os quais ela gosta de brincar.

De acordo com o método Montessori, um brinquedo não deve combinar muitas categorias. Por exemplo, não devem ser oferecidas muitas cores e formas misturadas. Além disso, o brinquedo deve incentivar a criança a interagir de maneira ativa. Para isso, opções como quebra-cabeças, blocos de montar, massinha de modelar ou até instrumentos musicais são adequadas.

Crianças muito pequenas, em especial, preferem brinquedos concretos e tridimensionais, os quais podem segurar e manipular. Escolha brinquedos com um propósito claro. Cartões com imagens são centrais no método Montessori, sendo importante usar fotos reais, especialmente com crianças mais novas, pois desenhos exigem maior abstração.

Observamos com frequência que as crianças têm uma inclinação natural para brincar mais com objetos do cotidiano do que com brinquedos adquiridos com um propósito específico. Objetos reais da vida diária exercem uma fascinação especial sobre as crianças pequenas, pois veem os adultos interagindo diariamente com eles. A colher com a qual a mãe come todas as manhãs é muito mais interessante do que uma colher de mentira feita de plástico. É possível aproveitar essa situação e criar brinquedos a partir de objetos comuns. Além disso, materiais naturais podem ser utilizados, já que as crianças estão cercadas por eles, sendo 100% realistas e provenientes do mundo real. Castanhas e folhas, são elementos com os quais as crianças também gostam muito de brincar. Não há motivo para temer a sujeira ou os germes, pois isso faz parte da vida. No entanto, é importante ter cuidado, especialmente com crianças pequenas, para evitar que elas coloquem objetos na boca que possam ser engolidos facilmente, apresentando risco de sufocamento.

Mantenha extrema cautela com peças pequenas, objetos pontiagudos e caixas sensoriais com água. Sempre existe o risco de asfixia ou afogamento, portanto, nunca deixe as crianças sem supervisão.

COMO OS BRINQUEDOS DEVEM SER PREPARADOS?

Existem alguns critérios básicos que devem ser considerados na seleção de brinquedos:

- Os brinquedos devem ser dispostos em uma prateleira na altura da criança, que os torna visíveis e permite que ela escolha o brinquedo mais apropriado.
- As atividades devem ser organizadas por nível de dificuldade. Isso facilita para a criança, pois a ordem na prateleira permite que se troque facilmente de uma atividade para outra em caso de problemas.
- A organização dos brinquedos deve acontecer de forma que itens relacionados possam ser reconhecidos como tal. Por exemplo, as argolas individuais de uma torre empilhável podem ser guardadas em um pequeno cesto ao lado da torre.
- Os brinquedos devem ser oferecidos de maneira convidativa, incentivando a participação imediata da criança. Isso geralmente ocorre quando as atividades estão desmontadas. Dessa maneira, não é bom deixar um quebra-cabeças já montado na prateleira; em vez disso, as peças podem ser acomodadas em um pequeno cesto. O mesmo princípio se aplica a todos os tipos de jogos de encaixe e empilhamento.
- Prepare a atividade de modo que a criança possa realizá-la sem a necessidade de ajuda. Para isso, os materiais necessários devem estar dispostos de maneira que ela possa alcançá-los sozinha. Se a mesa sensorial for utilizada, é importante garantir antecipadamente a possibilidade de lavar e secar as mãos de forma independente após a atividade, incluindo a limpeza de eventuais bagunças.

COMO OS BRINQUEDOS SÃO UTILIZADOS?

A utilização dos materiais Montessori segue diversos princípios.

» Permita que a criança conduza o processo, escolhendo livremente com qual brinquedo deseja brincar.

» Evite interromper a concentração da criança. Quando ela estiver focada em uma atividade, evite perturbá-la com comentários, aguardando até que retome o contato por conta própria.

» Deixe que a criança explore jogos criativos livremente. Se necessário, demonstre sem falar como o jogo funciona, pois crianças muito pequenas podem ter dificuldade em se concentrar simultaneamente na linguagem falada e nos movimentos. A compreensão pode ser facilitada pela simples demonstração da execução da atividade.

» Não instigue a criança a demonstrar seu conhecimento e suas habilidades. Evite perguntas do tipo "Como se chama esse animal?", a menos que tenha certeza de que a criança pode responder facilmente. Questionamentos frequentes desse tipo podem acabar prejudicando a autoconfiança da criança.

» Ao encerrar uma atividade, arrume tudo junto com a criança, servindo de exemplo. Não é necessário desmontar imediatamente um quebra-cabeça que a criança, cheia de orgulho, acabou de montar. Isso poderá deixá-la triste. Entretanto, é possível guardar o quebra-cabeça na prateleira e desmontá-lo posteriormente, quando a criança estiver envolvida em outra atividade. Dessa forma, evita-se bagunça, e a criança será introduzida desde cedo à ideia de organização.

» Se a organização da criança não atender aos padrões desejados, evite constrangê-la ao reorganizar tudo de acordo com as próprias expectativas. Quando a criança já estiver na cama, é possível reorganizar a prateleira de jogos de modo a prepará-la para o dia seguinte.

» Mantenha a calma e a serenidade durante as atividades com a criança. Posicione-se ao nível dos olhos dela. Mesmo que a criança leve muito tempo para realizar uma tarefa aparentemente simples, evite a impaciência e a antecipação de soluções. A persistência em tarefas prolongadas é um excelente exercício de concentração, e contribui para um aprendizado mais significativo.

O AMBIENTE PREPARADO

"Não é a criança que deve se adaptar ao ambiente, mas nós é que devemos adaptar o ambiente à criança."
Maria Montessori

Um ambiente Montessori oferece à criança a maior autonomia possível, permitindo que ela participe das atividades rotineiras. Dessa forma, a criança passa a se perceber como uma parte essencial da família, sente-se valorizada e tem a oportunidade de desenvolver a sua personalidade.

Ao criar um ambiente Montessori, três etapas podem ser seguidas:

I. O mobiliário escolhido deve ser projetado para permitir que a criança experimente um alto grau de autonomia.

II. É importante identificar possíveis fontes de perigo e tornar a casa segura para crianças.

III. Disponibilizar as ferramentas necessárias para que a criança possa participar ativamente da vida familiar (por exemplo, com a introdução gradual do uso de facas na cozinha).

A seguir, são apresentados alguns princípios para a criação de um ambiente Montessori em casa.

» Sua casa deve estar organizada, limpa e visualmente agradável.

» Menos é mais. Adote uma decoração minimalista, eliminando o supérfluo e mantendo apenas itens que têm utilidade ou proporcionam satisfação diária. Nessa abordagem, objetos têm lugar e função específicos, tornando-se valiosos para a criança. Essa ordem externa não apenas promove uma ordem interna, como também faz com que o ambiente se torne previsível e compreensível. Isso, por sua vez, contribui para que a criança se sinta segura enquanto seu desejo inato de ordem é estimulado.

» Adquira móveis em tamanho infantil. A criança deseja participar da vida familiar e, devido à sua baixa estatura, precisa de móveis especiais para certas situações, como um cadeirão para a mesa de jantar ou uma área de trabalho em escala reduzida na sala de estar ou no quarto, por exemplo. Esses móveis devem ser duráveis e leves, possibilitando que a criança os mova sozinha, promovendo assim autonomia e envolvimento nas atividades cotidianas.

» Ao visualizar os ambientes com a perspectiva de uma criança, é possível identificar potenciais fontes de perigo que poderiam ter sido negligenciadas anteriormente. Além disso, nota-se que muitos elementos decorativos não são apreciados pela criança, pois estão fora de seu campo de visão. Recomenda-se posicionar objetos atrativos, como plantas ou quadros, em altura acessível à criança.

» Ofereça uma quantidade limitada de objetos. Realize a rotação regular dos brinquedos, mantendo acesso a apenas uma pequena seleção. Pode-se estabelecer intervalos fixos para essa prática (por exemplo, a cada final de semana ou a cada dois finais de semana). Essa abordagem deve ser orientada pelos interesses da criança, substituindo-se apenas os brinquedos que não foram utilizados. Além disso, é recomendável guardar roupas inadequadas para a estação, evitando-se, assim, possíveis discussões. Na hora das refeições, retirar da mesa qualquer objeto desnecessário que possa distrair a criança contribui para um ambiente mais focado e agradável.

» Crie um ambiente afirmativo. É cansativo para todos quando objetos perigosos ou facilmente quebráveis estão ao alcance de uma criança pequena. A necessidade constante de dizer "não" desvaloriza o significado dessa palavra e gera estresse desnecessário para todos os envolvidos. Coloque objetos que deseja proteger da criança ou vice-versa (como uma planta venenosa etc.) fora de alcance ou descarte-os. Assegure-se de que nos espaços em que a criança passa a maior parte do tempo permaneçam apenas objetos que ela possa tocar com segurança. Adotar um ambiente afirmativo contribuirá de forma significativa para tornar a vida familiar mais fácil e agradável.

As vantagens de um ambiente Montessori são evidentes:

- A criança participa ativamente da vida familiar.
- A independência da criança é apoiada, o que lhe permite se movimentar de forma livre e ativa.
- Com uma decoração minimalista e organizada, sem excesso de estímulos, a capacidade de concentração da criança é incentivada. Ela aprende a se envolver em uma atividade singular por períodos mais longos.
- A criança assume a responsabilidade pelos próprios pertences e aprende a valorizá-los. Ela cuida de suas coisas e, sozinha, arruma tudo depois.

ÁREA DA ENTRADA

Na área de entrada, é interessante incluir um banquinho no qual a criança possa se sentar ao se vestir, facilitando o processo de calçar meias e sapatos sozinha. Os casacos podem ser pendurados em ganchos ajustados à altura dos olhos da criança, enquanto acessórios sazonais, como bonés, cachecóis, lenços ou luvas, podem ser organizados em uma cesta pequena. Os sapatos da criança devem ter um local designado, como um tapete pequeno. Recomenda-se disponibilizar neste espaço apenas roupas adequadas à estação do ano, para evitar que a criança queira sair de casa com um casaco de lã no verão. Um pequeno espelho ou uma película espelhada na qual a criança possa se ver após se vestir permitirá que ela faça os ajustes necessários. Além disso, a área de entrada pode incluir uma mochila infantil para organizar os pertences da criança.

SALA DE ESTAR

A sala de estar costuma ser o ponto central de uma casa. Especialmente com crianças pequenas, é uma boa ideia manter a maior parte dos brinquedos nesse cômodo. Os adultos também passam muito tempo nesse espaço, e as brincadeiras independentes tendem a se desenvolver mais facilmente na presença de outra pessoa. Guarde os brinquedos da criança em um local de fácil acesso, como uma prateleira, na parte inferior da mesa ou no móvel da TV. Crie um pequeno espaço com mesa e cadeira adequadas ao tamanho da criança, certificando-se de que haja iluminação o suficiente no local e que os pés da criança ao se sentar alcancem o chão.

COZINHA

A independência na cozinha é muito importante. A partir do primeiro ano de vida, é essencial que as crianças possam alcançar as superfícies de trabalho. Uma torre de aprendizagem pode ser muito útil (há páginas na internet que ensinam a construir uma torre). Use pratos, copos e talheres reais, evitando substitutos de silicone ou melamina, que frequentemente não são seguros para a saúde, principalmente quando em contato com alimentos quentes. A criança aprenderá a manusear os utensílios com cuidado e a valorizá-los. Guarde os utensílios em uma gaveta de fácil acesso, permitindo que a criança contribua para arrumar a mesa. Além disso, ao criar uma cozinha acolhedora para crianças, considere as seguintes sugestões:

- Permita a participação das crianças na preparação dos alimentos. As frutas podem ser cortadas com um cortador ondulado ou com um cortador de maçã. As crianças mais velhas podem ir se acostumando aos poucos a usar facas, utilizando utensílios progressivamente mais afiados.
- É natural que a criança acabe derrubando muitas coisas. Proporcione a ela a oportunidade de organizar tudo sozinha depois. Disponibilizar uma pequena lixeira, um pequeno pano ou uma esponja de fácil acesso permitirá que ela limpe alguma bagunça feita sem querer.
- Garanta que a criança possa se servir de água quando desejar, disponibilizando um pequeno jarro e um copo em uma bandeja. Inclua uma toalha para que ela mesma possa enxugar o que vier a derramar.
- Armazene os lanches do dia em um recipiente de fácil acesso. Ela aprenderá a racionar esses lanches ao longo do dia. Não reabasteça o estoque se houver sido totalmente consumido pela manhã.

ÁREA DE ALIMENTAÇÃO

Independente do local em que esteja sua mesa, na cozinha ou na sala, a criança deve ser sempre capaz de se sentar sozinha em seu lugar. Existem muitos assentos infantis com ajuste de altura que podem ser usados até mesmo para bebês, com um acessório adequado. As refeições principais devem ser feitas à mesa, em família. Por outro lado, os lanchinhos podem ser feitos na mesa da criança sempre que ela quiser. Existem cadeiras e mesas infantis tão baixas que até mesmo crianças bem pequenas podem tocar o chão com os pés. O cadeirão deve ter um apoio ajustável para os pés. Assim, caso a criança se engasgue, ela conseguirá tossir de forma eficiente se os pés estiverem firmes no chão ou apoiados em um suporte para os pés.

QUARTO DA CRIANÇA

É possível organizar o espaço do sono da criança no quarto dela (a menos que ela compartilhe a cama). Camas no chão ou camas de casinha são opções adequadas para esse fim, permitindo que ela vá para a cama e saia dela sem assistência.

O quarto da criança também pode abrigar seu guarda-roupa. Os pequenos adoram ter a autonomia de decidir o que vestir, e um guarda-roupa infantil pode atender a essa busca por independência. O móvel deve conter algumas gavetas e um espaço para pendurar roupas, todos de fácil acesso. É interessante incluir um grande espelho ou uma película espelhada para que a criança possa se ver enquanto se veste.

Caso a criança seja muito pequena ou tenha dificuldade em escolher uma peça de roupa, os cuidadores podem oferecer duas opções para que ela faça sua escolha. Além disso, é importante designar um local adequado, como um cesto no banheiro, para que ela deposite suas roupas sujas ao final do dia.

BANHEIRO

A autonomia no banheiro também deve ser incentivada desde cedo. A criança deve ser capaz de alcançar sozinha os utensílios necessários, como sua escova e a pasta de dentes, um pente ou uma escova de cabelos e, se necessário, prendedores de cabelos. Um espelho instalado na altura da criança facilita a escovação dos dentes. Tanto um banquinho quanto um extensor para a torneira são úteis para que ela lave o rosto e as mãos sozinha, possibilitando o aprimoramento rápido dos cuidados com o corpo.

Muitas crianças pequenas, uma vez que aprendem a ficar de pé, já não querem mais ser trocadas deitadas. A partir desse ponto, o espaço pode ser preparado para que a troca ocorra em pé. Quando a criança demonstrar interesse em utilizar o banheiro, é possível facilitar o processo com a utilização de um banquinho e um redutor de assento. Pode-se também usar um penico confortável. Lembre-se de deixar papel higiênico disponível e de fácil acesso.

ESPAÇO CRIATIVO

Um espaço criativo irá enriquecer o quarto da criança ou a sala de estar. Nesse ambiente, a capacidade criativa da criança poderá ser explorada de maneira ilimitada. Ofereça lápis, tesouras, adesivos etc. Para desenhar, pode-se utilizar um pequeno cavalete, fixar papelão nas paredes ou instalar uma lousa. As possibilidades são infinitas quando se trata da imaginação.

ESPAÇO DE LEITURA

Um cantinho de leitura também pode ser montado na sala de estar ou no quarto. Nesse espaço, é possível disponibilizar uma quantidade específica de livros para a criança. Eles podem ser trocados em intervalos regulares para manter a diversidade. Existem estantes de livros especiais para crianças, nas quais os livros ficam dispostos com as capas viradas para fora, para que possam ser facilmente identificados. O cantinho de leitura deve ser confortável, com almofadas e tecidos macios, por exemplo. Como alternativa, é possível posicionar a estante de livros ao lado do sofá.

PERGUNTAS E RESPOSTAS

O método Montessori é complexo, e pode parecer difícil de compreender para aqueles que o exploram pela primeira vez. Por isso, respondemos aqui algumas perguntas frequentes.

EU ESTOU GRÁVIDA. COMO POSSO PREPARAR O AMBIENTE DA MELHOR FORMA POSSÍVEL?

Muitos futuros pais decoram carinhosamente o quarto das crianças, e esse é um bom momento para garantir que tudo esteja em uma altura apropriada. Evite posicionar decorações muito no topo da parede, pois a criança pode ter dificuldade para vê-las e apreciá-las.

Abaixe-se ou sente-se no chão por um momento e observe o quarto a partir dessa perspectiva. O ambiente parece acolhedor? As prateleiras que acomodarão os brinquedos estão na altura da criança? O quarto parece muito cheio de móveis e objetos? Há alguma planta que possa ser cuidada junto com a criança em algum momento futuro?

Deixe-se guiar pela abordagem "menos é mais". Opte por alguns poucos objetos, evite cores muito vibrantes e fuja da sobrecarga sensorial. Ao mesmo tempo, torne o ambiente confortável e garanta que todos os materiais e tecidos sejam agradáveis.

Lembre-se de que, nos primeiros anos, os bebês não precisam de um quarto próprio. Caso não tenha planejado um quarto infantil, é possível criar um espaço na sala para que o bebê possa explorar o ambiente de forma segura nas primeiras semanas.

PRECISO DE MUITOS MÓVEIS NOVOS PARA IMPLEMENTAR O MÉTODO MONTESSORI?

Talvez você já tenha visto as famosas estantes Montessori, nas quais os brinquedos são apresentados de maneira atraente, ou tenha se deparado com móveis que oferecem uma área de trabalho para as crianças na cozinha ou no banheiro, por exemplo. No entanto, o método Montessori não exige móveis novos. É possível criar uma área atrativa de brincadeiras na própria sala de estar, como uma prateleira baixa e de fácil acesso, ou um espaço na parte mais baixa da estante de livros ou na parte inferior da mesa de centro.

O MÉTODO MONTESSORI AINDA É UTILIZADO E ESTÁ ATUALIZADO?

O método de Maria Montessori tem mais de 100 anos. No entanto, seu objetivo primordial, que é proporcionar às crianças um ambiente preparado para seu livre desenvolvimento, não perdeu sua relevância. O número de creches e escolas Montessori continua a crescer. Além disso, as pesquisas contemporâneas sobre o cérebro indicam que muitas observações de Maria Montessori podem ser identificadas no desenvolvimento cerebral. As pesquisas bioneurais confirmam que a aprendizagem é estimulada pela atividade autônoma. O renomado neurocientista Manfred Spitzer também fala sobre marcos temporais ou períodos críticos nos quais certos comportamentos são mais facilmente aprendidos. Se essas janelas forem perdidas, torna-se muito mais difícil, por exemplo, aprender um idioma. Spitzer também destaca que as crianças precisam de diversas oportunidades adequadas à idade para criar suas experiências. Os adultos têm a responsabilidade de oferecer estímulos e oportunidades de aprendizagem. A prática e a repetição contínuas proporcionadas pelos materiais Montessori são respaldadas pelas mais recentes pesquisas sobre aprendizagem. As sinapses de nosso cérebro aumentam à medida que repetimos uma determinada atividade com mais frequência. "A prática leva à perfeição" não é apenas um velho ditado, mas um fato científico. O método Montessori está mais atual do que nunca.

COMO POSSO USAR O MÉTODO MONTESSORI NO MEU DIA A DIA?

O método Montessori se expressa principalmente em uma mentalidade que tem por objetivo capacitar a criança para agir de forma independente e autônoma desde cedo, seguindo o lema: "Ajude-me a fazer por mim mesma". Isso pode se manifestar de várias maneiras na vida cotidiana. É possível organizar a casa de forma que a criança, mesmo com sua altura reduzida, possa ser independente. Isso pode acontecer com o uso de uma torre de aprendizagem na cozinha ou de um guarda-roupa que a permita alcançar e escolher suas roupas sem ajuda. O quarto ou o espaço de brincar, em especial, devem estar adaptados à altura da criança.

As habilidades necessárias para uma independência precoce podem ser aprendidas de maneira lúdica. As ideias de jogos deste livro buscam promover a autonomia da criança desde cedo.

MORAMOS EM UM LUGAR MUITO PEQUENO. AINDA ASSIM FAZ SENTIDO SEGUIR O MÉTODO MONTESSORI?

O objetivo do método Montessori é permitir que a criança se torne uma pessoa independente, autoconfiante e responsável. Por essa razão, a resposta é: sim, o método Montessori faz sentido mesmo em uma casa muito pequena. Mesmo em espaços reduzidos, há maneiras de possibilitar que a criança aja da forma mais independente possível. Talvez seja necessário apenas um pouco mais de criatividade na preparação do espaço.

Os armários costumam ser construídos com poucos recursos, e versões feitas por conta própria muitas vezes são mais econômicas em termos de espaço do que modelos prontos. Mesmo em um banheiro minúsculo, é possível criar uma área exclusiva para que a criança possa se lavar, talvez atrás da porta ou com ventosas na parede ou na banheira. Não há necessidade de uma cozinha infantil se não houver espaço para isso. Pode-se utilizar a própria mesa da cozinha, a torre de aprendizagem ou a bancada de trabalho. Em um pequeno corredor, é possível colocar um cesto para as roupas da criança ou designar um local específico para guardar os sapatos.

PARA QUAIS CRIANÇAS O MÉTODO MONTESSORI É ADEQUADO? E QUANDO NÃO É?

O método Montessori é geralmente adequado para a maioria das crianças, uma vez que tem por objetivo proporcionar um desenvolvimento livre em um ambiente preparado. As crianças nascem naturalmente curiosas, e essa característica pode ser expressada e incentivada no método Montessori.

As condições podem ser ajustadas para se adequarem a cada criança. Por exemplo, para aquelas que apresentam dificuldade para se concentrar em uma tarefa, é possível oferecer menos opções simultâneas. Já para aquelas que estão testando seus limites, o ambiente pode ser mais afirmativo.

No entanto, algumas crianças podem se sentir sobrecarregadas com a liberdade e a tomada de decisões, especialmente em um ambiente escolar. Alguns pais podem questionar se o método é realmente adequado para os seus filhos. Na verdade, todas as crianças conseguem aprender a lidar com a liberdade de escolha, algumas, contudo, precisam de um apoio mais direcionado. Nesse ponto, os adultos devem observar cuidadosamente e oferecer ajuda sempre que notarem uma sobrecarga significativa. Segundo Maria Montessori, o adulto deve estabelecer a base sólida por meio da qual a criança pode se movimentar de forma livre em um ambiente seguro e estruturado.

A QUESTÃO MAIS RELEVANTE TALVEZ SEJA: PARA QUAIS TIPOS DE PAIS O MÉTODO MONTESSORI É ADEQUADO?

O caminho mais livre e observacional pode não ser adequado para pais que desejam que os filhos progridam no mesmo ritmo que a maioria das outras crianças, nem para aqueles que precisam fazer comparações ou que necessitam de muita segurança externa para acreditar que os filhos estão aprendendo corretamente.

OS BRINQUEDOS MONTESSORI SÃO CAROS?

O método Montessori valoriza os brinquedos feitos de materiais naturais, preferencialmente de madeira. Geralmente, esses itens têm um preço elevado e, nos últimos anos, enfrentaram um aumento adicional devido à escassez de matérias-primas e à inflação.

A boa notícia é que não é necessário adquirir uma grande quantidade de brinquedos Montessori. Muitos deles podem ser confeccionados com materiais adequados. É surpreendente a variedade de materiais disponíveis em casa ou que podem ser comprados por um preço acessível em lojas de artesanato. Não há limites para a criatividade.

Se, mesmo com um orçamento limitado, os pais quiserem adquirir brinquedos, é aconselhável optar por itens que podem proporcionar diversão por bastante tempo. Por exemplo, lenços de seda podem ser usados para criar brincadeiras para bebês, e até mesmo crianças mais velhas podem se divertir, transformando um pano verde em um gramado imaginário. Além disso, muitos brinquedos usados e ainda em bom estado podem ser encontrados na internet ou em bazares.

NUNCA MAIS DEVO COMPRAR BRINQUEDOS FEITOS DE PLÁSTICO?

A abordagem do método Montessori não deve ser vista como restritiva. Os brinquedos convencionais e os montessorianos não são mutuamente excludentes. Atualmente, é improvável que muitos pais organizem toda a rotina diária seguindo apenas os princípios Montessori e utilizando apenas os materiais do método. Na escolha de brinquedos, é possível considerar os princípios Montessori, escolhendo, por exemplo, adquirir brinquedos como Playmobil ou Lego, que retratam situações do cotidiano real, em vez de optar por criaturas fantásticas. Naturalmente, também é possível adquirir brinquedos de plástico ou aquela mercadoria da moda muito desejada.

Quase sempre é possível encontrar brinquedos equivalentes feitos de madeira. Ainda que costumem ser mais caros do que os brinquedos de plástico convencionais, esse investimento pode ser compensador, especialmente se for algo que trará diversão à criança por bastante tempo. Além disso, há ainda a possibilidade de confeccionar brinquedos a partir de objetos domésticos comuns, e este livro tem por objetivo apresentar várias opções nesse sentido.

O QUE É A ROTAÇÃO DE BRINQUEDOS?

No método Montessori, evita-se oferecer à criança muitas opções de brinquedos ao mesmo tempo. As crianças que têm acesso a muitos brinquedos simultaneamente tendem a se envolver em uma atividade por um período significativamente menor. É preferível oferecer menos brinquedos e trocá-los regularmente. Dessa forma, a criança se envolverá mais intensamente com cada um deles.

Observe os interesses da criança. Aqueles brinquedos que não foram utilizados durante uma semana podem ser guardados. Ofereça algo diferente. Faz sentido realizar essa rotação quando a criança não está presente, por exemplo, enquanto ela dorme.

A decisão da frequência de rotação dos brinquedos fica a critério dos responsáveis. Geralmente, isso ocorre após uma ou duas semanas, mas pode ser ajustado de forma flexível.

EM QUE LOCAL DEVO GUARDAR OS BRINQUEDOS NÃO UTILIZADOS?

É aconselhável armazenar os brinquedos em um local ao qual a criança não tenha acesso. Assim, evita-se que a criança mexa nos brinquedos sem supervisão e crie uma grande bagunça.

Guarde as embalagens para armazenar os brinquedos. Isso é uma forma de não perder as peças pequenas. Se houver planos de vender os itens quando a criança não utilizar mais, as caixas originais também representam uma vantagem. Os brinquedos confeccionados podem ser armazenados em envelopes ou em pequenas caixas. Recomenda-se rotulá-los para facilitar o acesso posterior.

COMO POSSO APRESENTAR OS BRINQUEDOS DE FORMA QUE SE MOSTREM ATRATIVOS?

Mantenha todos os brinquedos visíveis e acessíveis. Posicione os materiais ao nível dos olhos da criança, colocando os objetos mais pesados mais para baixo e os mais leves mais para cima. Organize os brinquedos em ordem de dificuldade.

Os brinquedos devem convidar à brincadeira. Evite armazenar quebra-cabeças montados na prateleira; em vez disso, guarde-os desmontados em uma pequena cesta.

COMO MANTER A ORGANIZAÇÃO?

Em geral, considerando a quantidade reduzida de brinquedos, a bagunça costuma ser mínima. Estabeleça uma estrutura para as brincadeiras e evite deixar peças soltas desorganizadas. Cestos pequenos e grandes, disponíveis em várias lojas a preços acessíveis, são ideais para os brinquedos do bebê, e possibilitam um armazenamento fácil, visível e organizado. Para brinquedos maiores, recomenda-se o uso de pequenas bandejas de madeira.

Sempre arrume tudo depois de brincar com a criança. Após o uso, os brinquedos são devolvidos ao seu devido lugar. De forma surpreendente, a criança tende a adotar esse comportamento rapidamente, contribuindo para o processo de organização. Ensine pelo exemplo desde cedo.

MEU FILHO NÃO ESTÁ USANDO OS BRINQUEDOS CONFORME ESPERADO. ISSO ESTÁ ME FRUSTRANDO. O QUE POSSO FAZER?

Não se prenda à expectativa de que a criança precisa brincar com os brinquedos da maneira "certa". As ofertas de brinquedos são exatamente isso: ofertas. Se a criança não os utiliza conforme a finalidade prevista, mas prefere usá-los de outra forma, isso é completamente aceitável. Se isso acontecer com frequência, pode ser útil avaliar se as ofertas estão adequadas ao estágio de desenvolvimento da criança ou se são muito simples ou ainda muito complexas, resultando em uma utilização "inadequada". Caso a criança não demonstre interesse por determinados brinquedos e não queira usá-los, é recomendável guardá-los temporariamente e observar seus interesses atuais.

MEU FILHO FREQUENTA UMA CRECHE QUE NÃO ADOTA O MÉTODO MONTESSORI (OU FICA AOS CUIDADOS DE UMA BABÁ). MESMO ASSIM, FAZ SENTIDO APLICAR ESSE MÉTODO EM CASA?

Com o tempo, muitos pais perceberão que, em determinadas situações, as crianças estarão expostas a estilos de educação diversos, que podem variar pouco ou muito em relação ao que é praticado em casa. Se o método Montessori está sendo usado em casa, a criança se beneficiará significativamente, mesmo que passe, por exemplo, oito horas por dia em uma creche ou em um berçário. O método Montessori não precisa ser praticado 24 horas por dia. Ele representa a ideia de perceber a criança como um ser capaz de agir de forma independente desde cedo, promovendo sua autonomia. Por isso, pode ser praticado independentemente da educação recebida em outros contextos.

É importante notar que o método Montessori se tornou comum na maioria das creches e dos berçários. Talvez as instituições de educação infantil nem sempre possuam materiais Montessori, e os educadores não sejam especialistas nessa área, mas a atitude contemporânea em relação à criança é participativa e realizada ao nível dos olhos. Dessa forma, as creches internalizaram o aspecto mais importante do método. Além disso, há benefícios para a criança ao entrar em contato com diferentes estilos de educação, como, por exemplo, na convivência com os avós. Pois assim a criança desenvolve um entendimento de que os limites e as expectativas variam de pessoa para pessoa. Em geral, as crianças lidam bem com isso, precisando apenas descobrir o que é importante para cada adulto e em cada situação. Então, as crianças conseguem reagir adequadamente às diferentes regras. A situação se torna complicada quando uma única pessoa de referência age de forma inconsistente com frequência.

O MÉTODO MONTESSORI É REALMENTE NECESSÁRIO PARA PROMOVER A CRIATIVIDADE E A INDEPENDÊNCIA?

O método Montessori é apenas um dos muitos métodos disponíveis. Mesmo sem a adoção dessa metodologia específica, as crianças naturalmente desenvolvem criatividade e independência. No entanto, a abordagem de Maria Montessori pode ser especialmente benéfica ao proporcionar à criança, desde muito cedo, estímulos que fortalecem o acreditar em sua própria capacidade e o desejo de cuidar de si mesma e dos outros.

E SE EU NÃO CONSEGUIR SEGUIR OS PRINCÍPIOS MONTESSORIANOS O TEMPO TODO?

Como mencionado anteriormente, a coisa mais importante é a sua atitude interna. Demonstre e viva essa mentalidade com convicção. Não há problema se a rotação regular de brinquedos não for seguida ocasionalmente, se o quarto da criança for mantido inalterado por um período ou se não forem apresentadas novas ideias à criança por um determinado tempo. É importante ter em mente que, como seres humanos, não devemos nos sobrecarregar. A introdução de novos materiais às crianças de maneira estressante tende a proporcionar pouco benefício para elas.

E SE MEU FILHO NÃO SE ADAPTAR, DE FORMA ALGUMA, A UMA SUGESTÃO DO LIVRO?

É claro que a criança não deve ser sobrecarregada, sendo desnecessário que ela domine ou participe ativamente de todas as atividades. As crianças escolhem seus próprios interesses e o que desejam aprender, enquanto os pais fornecem estímulos. Se for observado que a criança ainda não consegue ou não quer se vestir sozinha devido às limitações motoras, cabe aos pais ajudar e estar presentes. É crucial fazer a distinção entre autonomia e desamparo. Às vezes, as crianças preferem que os pais realizem tarefas para elas, mesmo que já saibam fazê-las. Esse comportamento, especialmente durante o momento de se vestir, contribui significativamente para fortalecer o vínculo afetivo. A criança aprecia quando os pais cuidam dela e estão dispostos ajudá-la. É importante encontrar o equilíbrio certo e não insistir constantemente para que a criança faça tudo por conta própria, mesmo as atividades que ela já domina.

TENHO QUE DEIXAR QUE A CRIANÇA FAÇA TUDO?

A resposta é clara: não! No entanto, é recomendável integrar a abordagem Montessori com as necessidades de um relacionamento baseado no apego. Trate a criança com seriedade e a reconheça como um ser igual. Estabeleça limites quando necessário e confie em seu discernimento adulto. Respeite seus próprios limites e comunique-os à criança de maneira amigável, mas firme. À medida que a criança cresce, torna-se possível negociar regras. Isso geralmente não funciona com crianças pequenas, mas sempre é possível oferecer explicações. Aceitar um "não" amigável também faz parte da vida e precisa ser aprendido.

ENTÃO, COMO DEVO USAR ESTE LIVRO?

Considere o método Montessori e as sugestões deste livro como uma espécie de bufê, no qual você pode escolher o que se alinha com a vida e a dinâmica familiar, proporcionando benefícios para o dia a dia. Evite sobrecarregar a criança e você. Questione e observe, escolhendo sempre o que for mais adequado para todos os envolvidos.

ZERO A TRÊS MESES

Nesse momento, a criança não necessita de muitos brinquedos. Em vez disso, é fundamental que ela aprenda os limites do próprio corpo e seja exposta a diversas influências ambientais pela primeira vez. Inicialmente, a criança passará a maior parte do tempo dormindo, mas, com o tempo, começará a ficar mais desperta e interessada no ambiente ao redor. O apoio dos pais pode ser efetuado por meio de estímulos específicos, que não a sobrecarreguem, mas despertem o seu interesse.

Desenvolvimento motor: nos primeiros 3 meses, o bebê aprende a manter a cabeça erguida e a controlar o tronco. Nos primeiros 2 meses de vida, é comum que as mãos do bebê permaneçam quase sempre fechadas em punho, agarrando tudo tocam, devido ao reflexo de preensão. No terceiro mês de vida, as mãos costumam estar mais abertas. O bebê consegue, então, conscientemente, segurar objetos e levá-los à boca. Ofereça brinquedos de preensão ao bebê nessa fase.

Desenvolvimento dos sentidos: após o nascimento, os bebês conseguem enxergar nitidamente em uma distância de aproximadamente 30 centímetros, que é mais ou menos a distância entre o rosto da mãe e o bebê durante a amamentação. No início, o bebê percebe principalmente as cores branco e preto (em alguns casos, foi observada uma preferência por vermelho em recém-nascidos), e distingue entre tons claros e escuros. Aos 2 meses, o bebê começa a desenvolver lentamente um senso de cores, e percebe os contrastes fortes e as cores primárias. Aos 3 meses, o bebê já consegue enxergar claramente a uma distância de 2,5 metros.

Os móbiles deste capítulo foram planejados considerando a visão do seu bebê nos primeiros 3 meses de vida, começando com foco em contrastes em preto e branco e, posteriormente, introduzindo cores primárias vibrantes. Os móbiles caseiros podem ser adaptados conforme o desenvolvimento da criança; pendure-os em um suporte de madeira para brinquedos (arco de atividades) no qual ainda não exista nada fixado. Caso tenha recebido um arco como presente de familiares, é possível cortar as cordas e, se necessário, repintá-lo em um tom neutro de madeira, direcionando a atenção do bebê para o móbile correspondente sem distrações.

Desenvolvimento cognitivo e relacional: após o nascimento, os bebês precisam aprender a se adaptar ao ambiente ao seu redor. Essa adaptação é mediada por reflexos, a maioria dos quais desaparece nos primeiros 3 meses de vida. O bebê se comunica por meio do choro, sendo capaz de expressar suas preferências, a partir do segundo mês de vida. Por volta das quatro semanas, surge o sorriso consciente. Nos primeiros 3 meses de vida, também se desenvolve um ritmo inicial de sono e vigília.

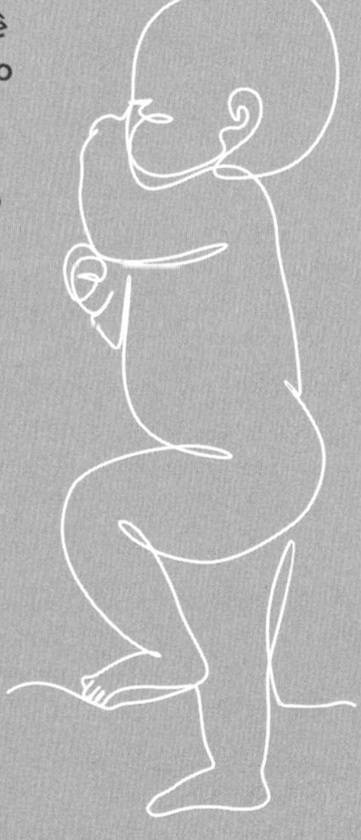

MÓBILES

No método Montessori, os móbiles não servem como distração nem auxiliam no sono. Na verdade, têm por propósito permitir que os recém-nascidos se envolvam pela primeira vez com o ambiente ao seu redor. Portanto, é recomendável não fixar os móbiles sobre o berço ou a bancada de troca de fraldas, mas na área de brincar, como na sala de estar. Assim, a criança pode se movimentar livremente. Deixe o bebê abaixo do arco quando estiver acordado e alerta.

MÓBILE MUNARI

O móbile Munari utiliza formas geométricas claras e contrastes em preto e branco. Pode ser construído facilmente em casa, utilizando apenas cartolinas preta e branca e uma bola transparente com gancho. Há muitos modelos para impressão e instruções disponíveis gratuitamente na internet, mas o móbile também pode ser comprado já pronto em sites diversos.

A partir de que idade?
Desde o nascimento.
Tempo necessário:
1 hora.
Preparo: médio.
O que é promovido?
Concentração e capacidade visual.
Material: cartolinas preta e branca, e uma bola transparente com gancho.

IMAGENS DE ALTO CONTRASTE

Os bebês adoram contrastes fortes, os quais podem ser apresentados por meio de móbiles ou cartões específicos. Recomenda-se que cada página ou cartão contenha apenas uma imagem, como um animal preto em um fundo branco, sem muitos detalhes. Essas imagens de alto contraste podem ser penduradas no arco de atividades, funcionando como um móbile, ou colocadas na parede. Modelos estão disponíveis na internet, muitas vezes gratuitamente, e existem livros dedicados exclusivamente a imagens de contraste.

Imprima cartões contrastantes gratuitos:

A partir de que idade?
3 semanas.
O que é promovido?
Percepção de contrastes e de alguns detalhes.

BOLAS DE ALTO CONTRASTE

Use padrões simples, como listras alternadas em preto e branco, listras pretas e pontos vermelhos etc. para pintar grandes bolas de isopor brancas ou bolas transparentes de enfeite de árvore de Natal em cores de alto contraste. Evite sobrecarregar o bebê com uma mistura muito variada de padrões. As bolas podem ser penduradas em alturas distintas para tornar a atividade mais interessante.

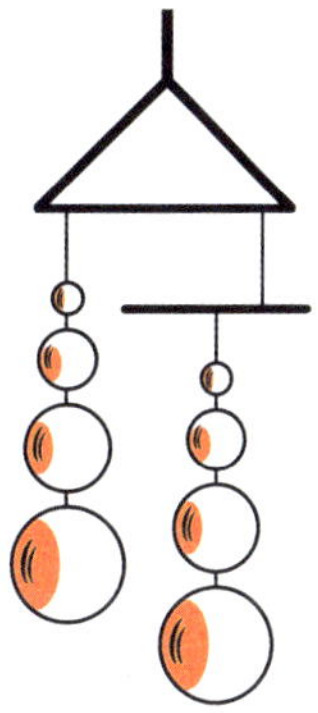

A partir de que idade?
4 semanas.
Tempo necessário:
1 hora.
Preparo: médio.
O que é promovido?
Concentração e percepção do vermelho (cor primária).
Material: bolas de isopor ou bolas transparentes e tintas de cores intensas.

MÓBILE OCTAEDRO

A partir de que idade?
5 semanas.
Tempo necessário:
1 hora.
Preparo: médio.
O que é promovido?
Percepção das cores primárias e visão estereoscópica.
Material: cartolina metálica.

Os octaedros são compostos por triângulos metálicos brilhantes, geralmente feitos de cartolina. Devem ser suspensos em alturas diferentes. Os bebês conseguem perceber bem as cores brilhantes e vibrantes, observando o móbile com interesse. Use apenas uma cor para cada octaedro para evitar o estímulo exagerado.

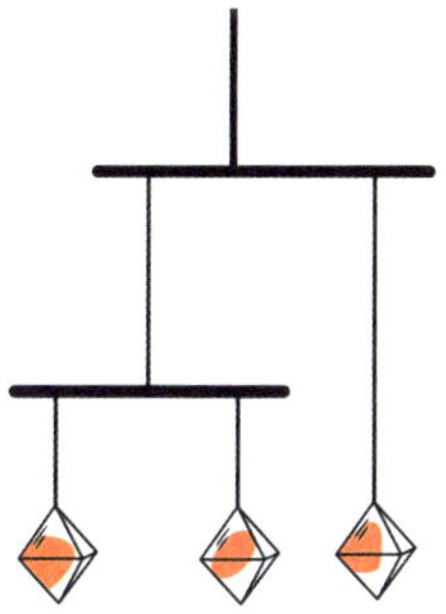

MÓBILE GOBBI

Esse móbile é feito com cinco bolas dispostas lado a lado, envoltas em fio de tricô. Podem ser utilizadas bolas de isopor convencionais para esse propósito (com um diâmetro aproximado de 4 centímetros). Elas são muito leves e se movem facilmente até com correntes de ar leves, o que as torna ainda mais interessantes para a criança.

O móbile tem por objetivo mostrar diferentes tons de uma mesma cor para a criança. Para isso, utilize fios de tricô da mesma família de cores, por exemplo, diferentes tonalidades de azul. A bola mais escura deve ficar em uma posição mais baixa, enquanto a bola mais clara deve ficar no topo. Assim, o móbile ficará mais interessante para a criança.

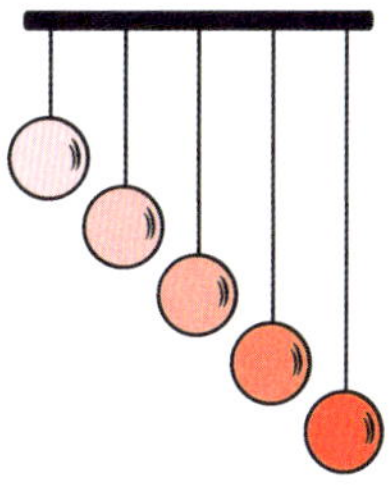

A partir de que idade?
8 semanas.
Tempo necessário:
1 hora.
Preparo: médio.
O que é promovido?
Percepção da gradação das cores.
Material: bolas de isopor e fios de tricô.

BRINQUEDOS PARA AGARRAR

EXERCÍCIOS DE AGARRAR NO ARCO DE ATIVIDADES

A partir de que idade?
4 semanas.
Tempo necessário:
5 minutos.
Preparo: fácil.
O que é promovido?
Postura de mão aberta e tentativas de pegar.
Material: fitas.

Amarre fitas (por exemplo, fitas para presente) na parte superior do arco de atividades para que o bebê fique encantado com as diversas cores e tente agarrar as fitas.

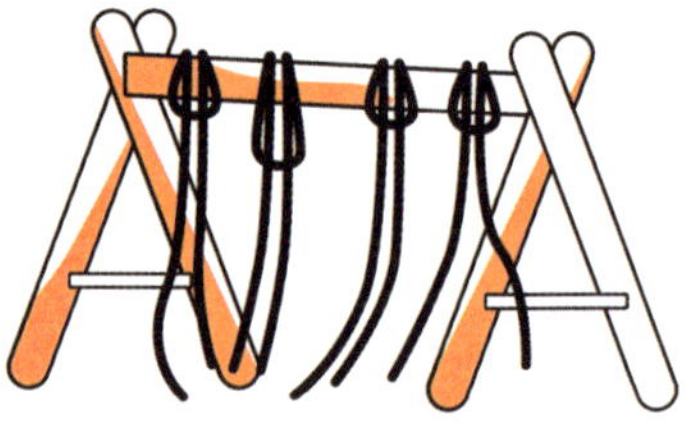

ARGOLAS PARA AGARRAR

Há muitas argolas de madeira com preços acessíveis disponíveis no mercado. Quem gosta de artesanato poderá fazer capinhas de crochê para bolinhas de madeira e, então, costurá-las uma ao lado da outra para construir uma argola, lembrando-se de utilizar lã para bebê. Pode-se também adicionar um pequeno sino à argola durante o crochê para torná-la ainda mais interessante.

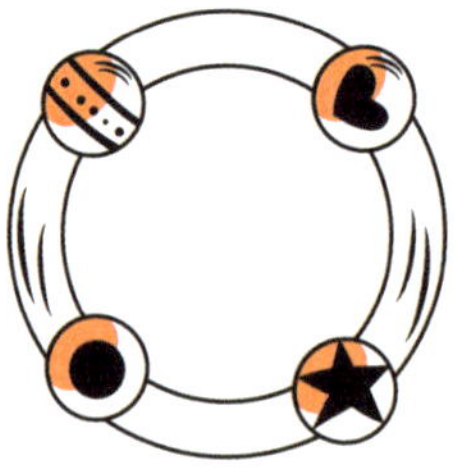

A partir de que idade?
6 semanas.
O que é promovido?
Atividade de agarrar e exploração oral.
Material: contas de madeira, lã de bebê e sininhos.

CHOCALHOS

A partir de que idade?
6 semanas.
O que é promovido?
Preensão, músculos dos braços e autoconfiança.

Assim que os bebês conseguem segurar objetos, pode-se oferecer a eles um primeiro chocalho. A regra aqui é: menos é mais. Nesse caso, é recomendável optar por chocalhos feitos de materiais naturais, com sons atraentes e uma textura agradável, em vez de escolher dentre as várias opções de plástico. Os chocalhos de madeira são particularmente adequados para os primeiros meses de vida. À medida que os bebês crescem e a habilidade de agarrar melhora, diferentes chocalhos caseiros que produzem variados sons podem ser introduzidos, conforme explicado no capítulo com ideias de brincadeiras para bebês entre 3 e 6 meses [ver página 41].

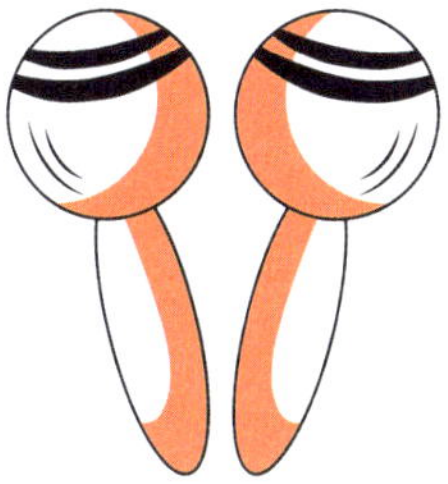

OBALL

As bolas interativas clássicas *Oball* são muito populares entre os bebês, pois são fáceis de segurar e geralmente têm cores vibrantes. E, caso queira, algumas ainda possuem pequenos chocalhos em seu interior.

A bola pode ser entregue para a criança ou pode ser presa ao arco de atividades para mudar um pouco a perspectiva. Nesse caso, o bebê tentará agarrá-la e, se conseguir, puxará com entusiasmo. Para evitar que o arco de atividades caia durante a brincadeira, pode-se amarrar ou costurar uma faixa elástica na corda usada para prender a bola, permitindo que o bebê a puxe em sua direção. Isso contribuirá para o desenvolvimento da coordenação olho-mão e fortalecerá os músculos das mãos.

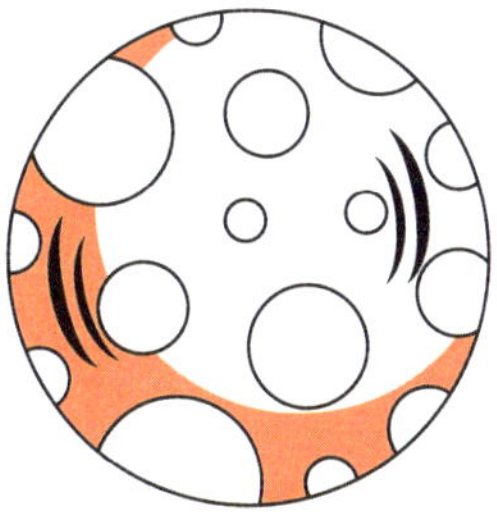

A partir de que idade?
7 semanas.
O que é promovido?
Agarrar e soltar conscientemente.

BLOCOS DE MONTAR MACIOS

A partir de que idade?
10 semanas.
O que é promovido?
Preensão consciente, percepção das formas e brincar de bruços.

Blocos de montar não precisam ser necessariamente de madeira. Os blocos empilháveis, em particular, são frequentemente feitos de plástico. As crianças podem explorá-los com a boca de maneira interessada e com segurança. Os blocos podem ser oferecidos ao bebê enquanto ele está de bruços. Se necessário, pode ser útil colocar um cobertor ou uma toalha enrolada sob o tórax do bebê como forma de apoio.

EXERCÍCIOS PARA TODOS OS DIAS

IMITAR EXPRESSÕES FACIAIS

Sente-se confortavelmente e coloque o bebê sobre suas pernas dobradas. Converse com a criança, usando diferentes expressões faciais e surpreenda-se ao ver como a criança busca imitar as expressões do seu rosto. Essa atividade ganha um aspecto particularmente interessante a partir dos 2 meses.

FALAR SOBRE AS COISAS DO DIA A DIA

Os bebês são totalmente dependentes dos pais. Eles são trocados, segurados, vestidos e carregados de um lado para outro. Para que isso não aconteça abruptamente para o bebê, é preciso movimentá-los de forma suave, evitando movimentos bruscos e repentinos. Informe à criança sobre as próximas ações. Anuncie, por exemplo, que você irá pegá-la no colo. Explique cada passo durante a troca de fraldas e ao vesti-la.

USAR UM ESPELHO

Coloque um espelho baixo e largo ao lado do arco de atividades, fixando-o na parede. Dessa forma, a criança pode observar os móbiles de diferentes perspectivas. Por exemplo, use espelhos à prova de quebra, que podem ser encontrados em cadeias de lojas de móveis de preço acessível.

Se a criança tiver uma preferência por virar a cabeça apenas para um lado, o espelho pode ser posicionado do lado menos usual, incentivando-a a virar a cabeça também nessa direção. Isso auxilia na prevenção de tensões ou má postura.

No entanto, é possível utilizar o espelho sem a necessidade do arco de atividades, como, por exemplo, quando um bebê está de bruços. O bebê verá seu próprio reflexo no espelho como algo muito interessante.

MÃOS LIVRES

Muitas vezes, os pais colocam luvas de algodão leve nas mãos dos bebês. Isso é feito para evitar que as crianças se arranhem e se machuquem com as unhas. No método Montessori, opta-se conscientemente por não usar esse tipo de luvas. Os bebês devem explorar o ambiente com todos os sentidos e desenvolver uma boa compreensão de seus corpos. Além disso, os bebês se acalmam com suas mãos ainda no útero materno, então essa estratégia para se acalmar não deve ser artificialmente interrompida logo após o nascimento. Mais tarde, as mãos serão as primeiras coisas que eles explorarão de modo consciente com a boca.

TRÊS A SEIS MESES

Desenvolvimento motor: à medida que os bebês atingem os 3 meses de vida, o reflexo de preensão começa a diminuir, abrindo espaço para a preensão intencional. No início, o bebê pode encontrar dificuldades para soltar os objetos. No entanto, ao atingir 6 meses, o reflexo de preensão desaparece por completo, permitindo que os objetos sejam soltos, girados nas mãos, virados, jogados e sacudidos conforme desejado. Ofereça à criança brinquedos de agarrar que a motivem a explorá-los em detalhes e a transferi-los de uma das mãos para a outra.

Nesse estágio, os bebês conseguem manter a cabeça ereta e controlar o tronco, tornando-se cada vez mais móveis. Muitos começam a virar de barriga para cima e, posteriormente, na direção oposta. Algumas crianças já fazem suas primeiras tentativas de engatinhar, e algumas conseguem se mover alguns centímetros para frente.

Desenvolvimento dos sentidos: a criança explora extensivamente texturas diferentes, preferencialmente com a boca. Esta é a fase oral. Neste estágio, ela desenvolve a capacidade de perceber espacialmente, reconhecer e acompanhar objetos mais distantes com os olhos. Neste momento, é apropriado oferecer móbiles coloridos que exigem maior concentração.
O bebê é capaz de localizar sons e reconhecer as vozes dos parentes mais próximos, buscando as fontes do som. Esse momento do desenvolvimento pode ser incentivado pela oferta de diversas fontes de som ao bebê.

Desenvolvimento da linguagem: o bebê inicia a produção de sons e balbucia as primeiras sílabas, tentando imitar os sons que ouve. É recomendável falar bastante com a criança durante esta fase.

Desenvolvimento cognitivo e relacional: a criança sorri espontaneamente para as pessoas próximas e brinca bastante. Após os primeiros meses de vida, nos quais estava predominantemente focada nas pessoas mais próximas, ela começa a desenvolver lentamente a curiosidade por outras coisas. A criança começa a brincar bastante. Deixe-a explorar seu ambiente em paz e evite interrompê-la quando estiver profundamente envolvida em suas brincadeiras. Evite fazer comentários nesse período e, em vez disso, observe a criança enquanto ela se envolve intensamente com o ambiente.

COORDENAÇÃO OLHO-MÃO

A partir de que idade?
3 meses.
Tempo necessário:
5 minutos.
Preparo: fácil.
O que é promovido?
Agarrar e soltar intencionalmente.
Material: argolas de madeira ou de plástico, fita e elástico.

EXERCÍCIOS DE AGARRAR ARGOLAS NO ARCO DE ATIVIDADES

Fixe as argolas de madeira ou plástico no arco de atividades com uma fita. Se o bebê conseguir alcançá-las, provavelmente tentará puxá-las. Para evitar que o arco de atividades se incline, é recomendável costurar ou amarrar um elástico nele.

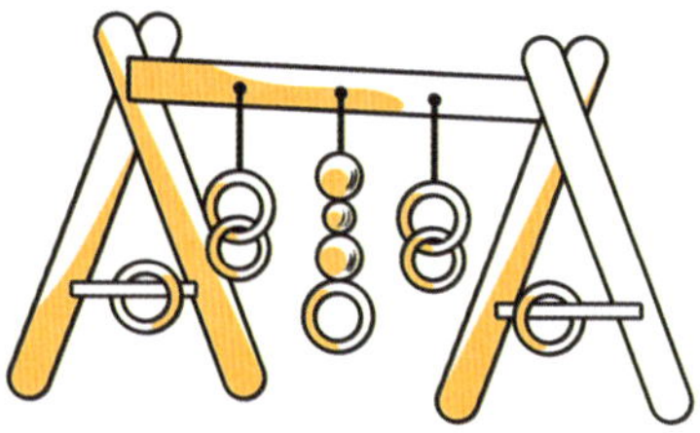

BOLA QUEBRA-CABEÇA

A bola quebra-cabeça é uma bola de tecido com cerca de 12,5 centímetros de diâmetro, que esconde um guizo em seu interior. Às vezes também é conhecida como bola Takane. Essa bola pode ser feita artesanalmente de crochê ou costurada. Há muitos tutoriais gratuitos disponíveis na internet para isso.

Essas bolas são fáceis de segurar devido à sua forma especial, e a criança pode levantar a bola quebra-cabeça tanto com as mãos quanto com os pés. À medida que o bebê se torna mais ativo, a bola quebra-cabeça, ao rolar, oferece estímulos para que ele engatinhe e deslize de barriga.

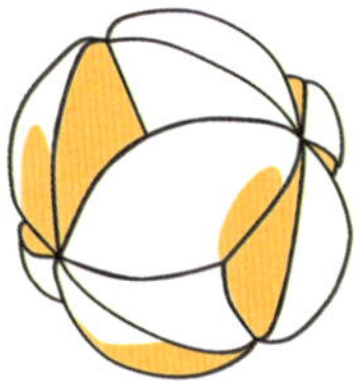

A partir de que idade?
3 meses.
Tempo necessário:
2 horas ou mais.
Preparo: fácil.
O que é promovido?
Agarrar de forma intencional e coordenação das mãos.
Material: pequenos sinos e fio para crochê ou tecido para costura.

RESGATE DE BRINQUEDOS

A partir de que idade?
4 meses.
Tempo necessário:
5 minutos.
Preparo: fácil.
O que é promovido?
Coordenação olho-mão e músculos das mãos.
Material: brinquedos de agarrar e fita crepe.

Fixe alguns brinquedos de agarrar conhecidos pela criança no chão usando fita crepe e permita que ela os retire do chão.

RETIRAR TECIDOS MACIOS OU LENÇOS DE PAPEL DE UMA CAIXA

Posicione uma caixa de papelão com lenços na frente da criança e permita que ela os retire. Segure a caixa para que o bebê possa se concentrar apenas na retirada dos lenços. Naturalmente, os lenços podem ser utilizados posteriormente.

Caso a criança leve o lenço imediatamente para a boca, é possível, como alternativa, colocar na caixa lenços de seda ligados uns aos outros por meio de nós. Essa ideia de brincadeira também é divertida para bebês mais velhos, que já conseguem se sentar sozinhos e segurar a caixa sem ajuda.

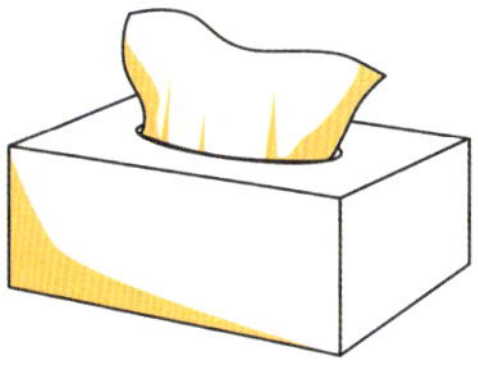

A partir de que idade?
4 meses.
Tempo necessário:
5 minutos.
Preparo: fácil.
O que é promovido?
Agarrar e soltar intencionalmente.
Material: caixa de papelão e lenços de papel ou de seda.

DISCOS INTERCONECTADOS

A partir de que idade?
5 meses.
O que é promovido?
Transferir objetos de uma das mãos para a outra.

Os discos interconectados são um brinquedo de madeira muito simples e, ao mesmo tempo, eficaz, composto por dois discos presos um ao outro, cada um com um diâmetro de 5 centímetros. Eles são especialmente adequados para a exploração com ambas as mãos. Se os discos caírem, eles não rolarão para longe, permitindo que a criança os pegue facilmente sozinha, evitando frustrações desnecessárias.

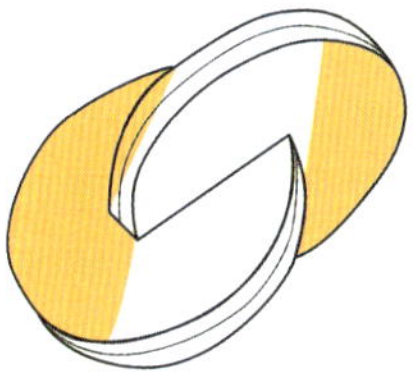

FORMAS E CORES

ORGANIZAR LIVROS EM UM SEMICÍRCULO

Disponha os livros abertos em um semicírculo. Coloque a criança no centro e permita que ela observe os livros. Certifique-se de que os livros mostrem apenas uma figura por página.
No início, recomenda-se o uso de livros que apresentem contrastes adequados para os primeiros dias do bebê. Mais tarde, será possível usar páginas coloridas com desenhos nítidos.

A partir de que idade?
3 meses.
Tempo necessário:
5 minutos.
Preparo: fácil.
O que é promovido?
Percepção dos contrastes, concentração e controle do tronco.
Material: livros de alto contraste.

MÓBILE DE DANÇARINOS

A partir de que idade?
3 meses.
Tempo necessário:
1 hora.
Preparo: médio.
O que é promovido? Visão espacial e concentração.
Material: folha holográfica, cartolina colorida, agulha e fio.

O móbile de dançarinos é adequado apenas para bebês mais velhos, por volta dos 3 meses, pois imita o movimento dinâmico dos seres humanos e exige uma boa dose de concentração. As três partes que compõem cada dançarino se movem de forma independente.

Os dançarinos podem ser feitos de folha holográfica ou cartolina metalizada (colorida), para que eles brilhem lindamente e sejam ainda mais interessantes para a criança. A cabeça do dançarino é um círculo, e os braços e as pernas têm a forma de uma lua crescente estilizada. Ao unir as peças individualmente com agulha e linha, deixe um pouco de espaço entre elas para que o móbile pareça mais dinâmico.

CORES DO ARCO-ÍRIS NO ARCO DE ATIVIDADES

Prenda argolas coloridas em fitas da mesma cor no arco de atividades. A criança ficará fascinada com os fortes contrastes de cores.

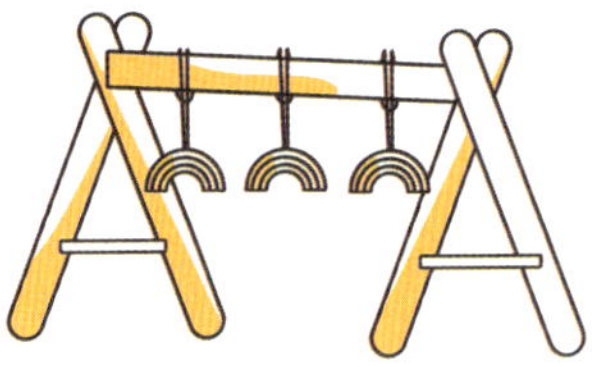

A partir de que idade?
3 meses.
Tempo necessário:
5 minutos.
Preparo: fácil.
O que é promovido?
Percepção das cores primárias e concentração.
Material: argolas coloridas e fitas.

BOLAS DE DIFERENTES TAMANHOS

A partir de que idade?
3 meses.
O que é promovido?
Percepção de tamanho.

Ofereça bolas monocromáticas de várias cores à criança que está de bruços. Essas bolas podem ser de madeira, de feltro ou, ainda, feitas de crochê ou costuradas. Cada bola deve ter um tamanho diferente.

UM SIMPLES JOGO DE SOMBRAS

Essa brincadeira pode ser facilmente realizada com materiais domésticos. Estique o filme plástico sobre uma das aberturas do rolo vazio de papel higiênico. Fixe o filme com a ajuda de um elástico. Desenhe uma forma simples, como uma estrela ou um coração, nesse filme e pinte a forma. Escureça o ambiente e segure uma lanterna ligada na abertura livre do rolo de papel higiênico. Dessa maneira, pode-se projetar a forma desenhada na parede. Pegue o bebê no colo e afaste-se para longe da parede, depois se aproxime novamente, fazendo com que a imagem projetada mude de tamanho.

A partir de que idade?
4 meses.
Tempo necessário:
15 minutos.
Preparo: fácil.
O que é promovido?
Visão, atenção e concentração.
Material: filme plástico, rolo vazio de papel higiênico, elástico, lápis e lanterna.

LINGUAGEM E AUDIÇÃO

BOLA QUEBRA-CABEÇA NO ARCO DE ATIVIDADES

A partir de que idade?
3 meses.
Tempo necessário:
5 minutos.
Preparo: fácil.
O que é promovido?
Concentração e percepção de sons.
Material: bola quebra-cabeça.

Prenda a bola quebra-cabeça no arco de atividades, de modo que a criança possa tocá-la, mas não consiga segurá-la firmemente. O pequeno sino dentro da bola incentivará a criança a chutar a bola com as pernas ou bater nela com as mãos.

SACO DE ASSAR

Os bebês adoram tudo o que faz barulho. E isso é algo que um saco de forno faz muito bem. Corte uma faixa do saco e coloque algo interessante dentro, como pequenos pompons coloridos. Amarre as duas extremidades do saco como se fosse um bombom para que nada caia. A criança adorará tocar o plástico, apreciar o som crepitante e explorar o conteúdo. Nunca deixe a criança sem supervisão durante essa atividade, pois sempre há risco de sufocamento com quaisquer tipos de sacos.

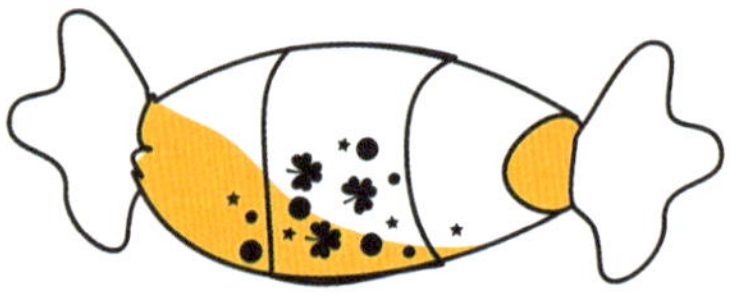

A partir de que idade?
3 meses.
Tempo necessário:
15 minutos.
Preparo: fácil.
O que é promovido?
Autoconfiança, tato e audição.
Material: Saco de forno e pompons.

LUVA COM SININHOS

A partir de que idade?
3 meses.
Tempo necessário:
15 minutos.
Preparo: médio.
O que é promovido?
Seguir objetos em movimento com os olhos.
Material: luvas e sininhos.

Costure pequenos sinos nas pontas dos dedos de luvas brancas ou pretas. Cante ou faça pequenos jogos de rimas e acompanhe-os com os sinos.

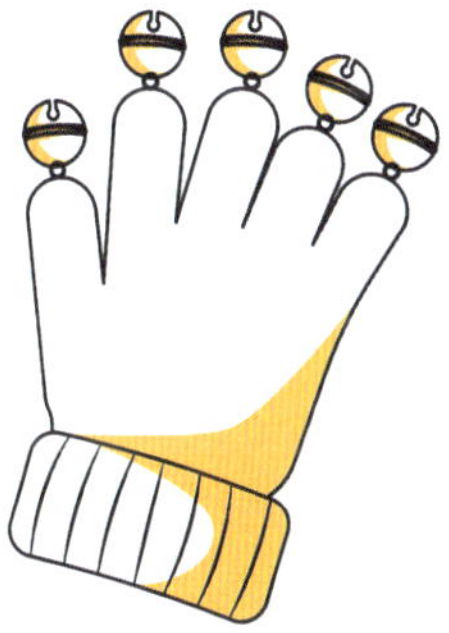

VÁRIOS CHOCALHOS

É possível confeccionar chocalhos para crianças de maneira simples. Tanto os potes opacos quanto os transparentes podem ser utilizados para esse fim. Por exemplo, pode-se usar antigas caixinhas de filmes fotográficos 35 milímetros ou, ainda, revestir potes de suplementos vitamínicos com papel preto e branco, transformando-os em chocalhos monocromáticos. Pequenos recipientes que tenham sido utilizados para armazenar leite materno ou fórmula infantil, como aqueles existentes em maternidades, também servem bem para esse propósito. Quanto ao conteúdo, é possível utilizar arroz, contas de diferentes tamanhos ou areia. Os potes podem ser lacrados com cola quente para evitar que sejam abertos acidentalmente pelo bebê.

A partir de que idade?
3 meses.
Tempo necessário:
20 minutos.
Preparo: fácil.
O que é promovido?
Audição, movimento e músculos dos braços.
Material: potinhos, cartolina, arroz, areia, pérolas e cola quente.

CHUTAR A ASSADEIRA

A partir de que idade? 3 meses.
Tempo necessário: 5 minutos.
Preparo: fácil.
O que é promovido? Audição e movimento.
Material: assadeira.

Posicione a criança deitada de costas no chão e segure uma assadeira perto de seus pés. Assim que começar a chutar a assadeira com os pés, ela ouvirá um som abafado e logo ficará animada, movendo as pernas com entusiasmo.

XILOFONE

Um xilofone é apropriado quando o bebê atinge o estágio em que consegue permanecer de bruços por períodos prolongados, sustentar a cabeça e demonstrar habilidades de preensão. A criança apreciará os diferentes sons do instrumento, desenvolvendo um senso de causa e efeito ao bater nele. Até mesmo as crianças mais velhas ainda se divertem com o xilofone, o que faz dele um investimento realmente compensador.

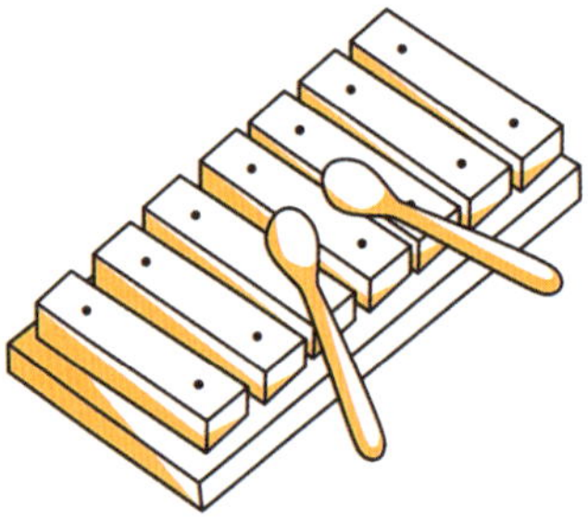

A partir de que idade? 5 meses.
O que é promovido? Audição e autoconfiança.

TATO

TAPETES DE ÁGUA

Os tapetes de água são fascinantes para os bebês, e podem ser facilmente confeccionados e variados conforme necessário. A base é feita com um saco plástico para congelador com zíper, que é preenchido com água (a adição de um pouco de óleo para bebês proporciona características interessantes à água). É possível preencher o saco com uma variedade de itens, como glitter, contas, corante alimentar, pequenos enfeites decorativos, entre outros. As possibilidades são ilimitadas. No entanto, é importante assegurar que esses itens não possuam bordas afiadas, a fim de prevenir danos ao saco e vazamento do conteúdo. Pode-se fixar o tapete de brincar com fita adesiva no chão para evitar escorregões. O bebê pode ser colocado de bruços diante dele.

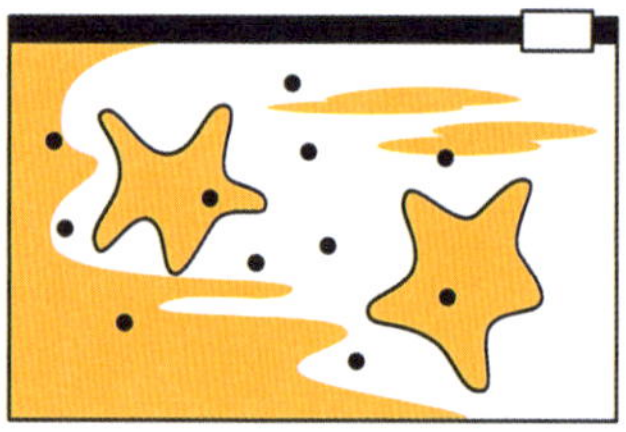

Uma atividade semelhante pode ser realizada com as chamadas "garrafas sensoriais". Uma descrição detalhada está disponível no capítulo com brincadeiras para crianças entre 6 e 9 meses **[ver página 52]**.

A partir de que idade?
3 meses.
Tempo necessário:
20 minutos.
Preparo: médio.
O que é promovido?
Concentração e músculos do tronco.
Material: saco plástico para congelar alimentos, água, óleo de bebê, glitter, contas e corante alimentar.

BANDEJA SENSORIAL PARA OS PÉS

A partir de que idade?
3 meses.
Tempo necessário:
10 minutos.
Preparo: fácil.
O que é promovido?
Percepção sensorial com os pés.
Material: bacia rasa, água, lentilhas e areia.

Os bebês exploram o mundo não apenas com as mãos, mas também com os pés. Encha uma bacia rasa com objetos que tenham uma textura interessante e segure o bebê de modo que os pés dele fiquem dentro da bacia. Caso queira, use água aquecida, lentilhas, areia e até mesmo espaguete cozido e aquecido para esta atividade.

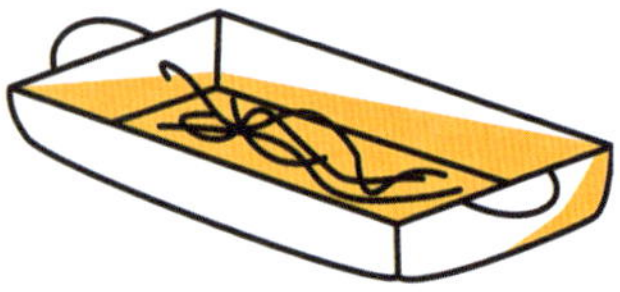

SAQUINHOS TÁTEIS

É possível confeccionar diferentes saquinhos táteis para as crianças. Preencha-os com caroços de cereja, lentilhas, grãos de trigo ou arroz. Recomenda-se que eles não sejam enchidos demais, para evitar danos durante o manuseio entusiasmado, e as bordas devem ser costuradas duplamente para garantir que nada escape. Os saquinhos proporcionarão diversão duradoura para as crianças e, mais tarde, podem ser usados para serem arremessados a distância e recuperados engatinhando.

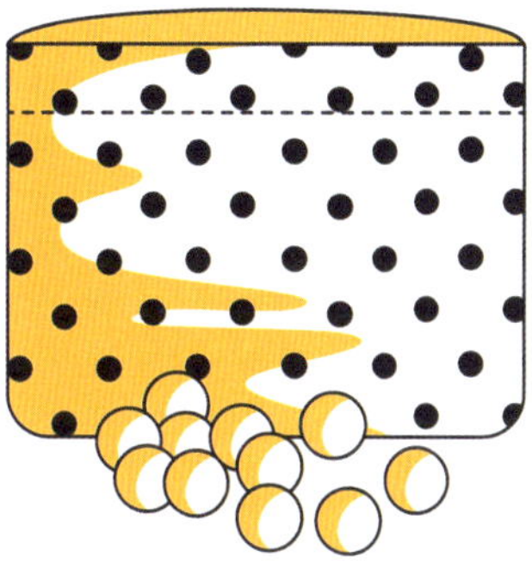

A partir de que idade?
4 meses.
Tempo necessário:
30 minutos.
Preparo: médio.
O que é promovido?
Tato.
Material: saco pequeno, caroços de cereja, lentilhas, arroz ou similares.

BACIA DE ÁGUA

A partir de que idade?
4 meses.
Tempo necessário:
5 minutos.
Preparo: fácil.
O que é promovido?
Músculos do tronco e dos dedos.
Material: bacia rasa, água, esponja de banho e argolas.

As brincadeiras com água são populares até mesmo entre os bebês menores. Deite o bebê de barriga para baixo, posicionando-o diante de uma assadeira ou de uma bacia rasa contendo água, com uma profundidade de até 2,5 centímetros. Caso deseje, adicione à água uma esponja de banho, esponjas de pintura de artesanato ou as argolas do carrinho de bebê. As opções são vastas. Contudo, é fundamental manter a supervisão constante durante essa atividade. Como em todas as brincadeiras com água, é crucial redobrar a atenção.

PLÁSTICO-BOLHA

As crianças, pequenas ou maiores, adoram plástico-bolha. Caso tenha placas de Lego coloridas em casa, corte o plástico-bolha de modo que cada lado tenha aproximadamente 10 centímetros a mais do que o comprimento das placas de Lego e use-o como uma base colorida. Fixe ambos no chão com fita adesiva e permita que a criança sinta a textura da superfície. Caso não tenha placas de Lego, pinte um pedaço de papelão e coloque-o embaixo do plástico-bolha.

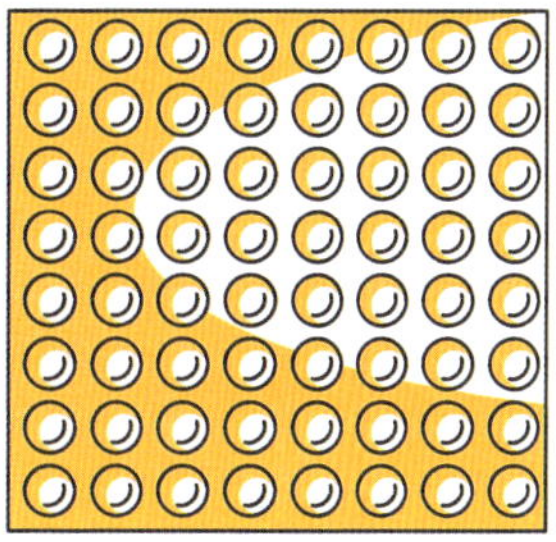

A partir de que idade?
5 meses.
Tempo necessário:
15 minutos.
Preparo: fácil.
O que é promovido?
Habilidades motoras finas.
Material: plástico-bolha, placas de Lego ou papelão e fita adesiva.

SEIS A NOVE MESES

Desenvolvimento motor: o bebê está se desenvolvendo de maneira rápida, movimentando-se cada vez mais. Ele aprende a se sentar de forma independente, inicia o processo de rolar, se arrasta com a barriga e começa a engatinhar. Algumas crianças já conseguem ficar em pé aos 9 meses. Durante essas etapas cruciais do desenvolvimento, é fundamental proporcionar atividades lúdicas que estimulem o movimento.

O bebê já é capaz de segurar objetos com ambas as mãos e transferi-los com segurança de uma para a outra. A exploração dos objetos está evoluindo gradativamente para ser conduzida principalmente pelas mãos, deixando de ser predominantemente realizada pela boca. Nesse estágio, a criança se diverte explorando os efeitos da gravidade, soltando os objetos repetidas vezes. Ofereça brinquedos que contenham texturas intrigantes e inclua bolas que possam ser arremessadas.

O desenvolvimento do desenho infantil pode ser categorizado em sete fases, sendo a primeira delas a pintura com os dedos. Nessa fase inicial, a criança explora a manipulação de substâncias pastosas ou liquidas, como água, areia, lama ou neve, deixando marcas por meio de seus movimentos. A repetição dessa atividade ocorre pela simples diversão proporcionada pelo movimento e pela vontade de criar mais traços. O resultado desse processo de pintura não é relevante; o foco está inteiramente no próprio processo. Para estimular essa fase, os pais podem oferecer texturas apropriadas para a pintura.

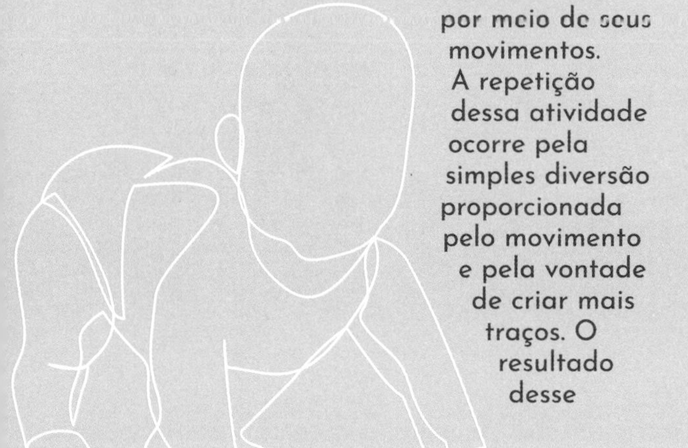

Desenvolvimento dos sentidos: o campo de visão da criança continua a se expandir, permitindo agora que ela enxergue nitidamente objetos fora do alcance de suas mãos. A exploração de objetos já não se restringe exclusivamente à boca e às mãos, mas também envolve os olhos. Há uma evidente demonstração de crescente interesse pelo entorno.

Desenvolvimento da linguagem: a criança inicia o processo de balbuciar e a formação das primeiras sequências de sílabas. Algumas já dizem sua primeira palavra. Neste período, as crianças desenvolvem um vocabulário passivo mais abrangente. Realize leituras frequentes para a criança, pois isso auxilia na constante ampliação do seu vocabulário.

Desenvolvimento cognitivo e relacional: Durante esta fase, a criança dá início à comunicação e às brincadeiras com os pais por meio de sons e expressões faciais, reconhecendo seu papel permanente dentro da estrutura familiar.

No aspecto cognitivo, a criança experimenta um grande avanço de desenvolvimento, pois agora compreende que pessoas e objetos que estão fora de sua percepção continuam a existir. Ela adquire a noção de permanência do objeto, entendendo que uma pessoa que sai do quarto logo retornará. Essa compreensão pode ser estimulada por meio de brincadeiras em que os brinquedos parecem desaparecer e, em seguida, reaparecem em gavetas ou em outros locais explorados pelo bebê.

COORDENAÇÃO OLHO-MÃO

TIRAR POMPONS DE UM ROLO ADESIVO

Este exercício pode ser realizado enquanto a criança está deitada de bruços e, posteriormente, quando estiver sentada sem apoio. Basta fixar alguns pompons coloridos em um rolo adesivo para remoção de fiapos e entregá-lo à criança. Demonstre, de maneira lenta, como retirar um pompom do rolo. O bebê imitará esse movimento, retirando os pompons.

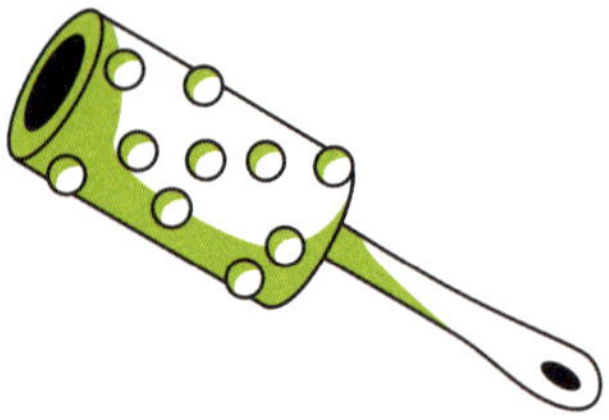

A partir de que idade?
6 meses.
Tempo necessário:
5 minutos.
Preparo: fácil.
O que é promovido?
Coordenação olho-mão, músculos dos dedos e preensão de pinça.
Material: pompons e rolo adesivo para remoção de fiapos e pelos.

A partir de que idade?
6 meses.
Tempo necessário:
10 minutos.
Preparo: fácil.
O que é promovido?
Habilidades motoras finas e músculos dos braços.
Material: limpadores de cachimbo e escorredor de macarrão.

LIMPADOR DE CACHIMBO EM UM ESCORREDOR DE MACARRÃO

Insira os limpadores de cachimbo nos furinhos do escorredor e deixe a criança retirá-los. Este exercício é mais adequado quando a criança já consegue se sentar sozinha, mas também pode ser realizado na posição de bruços.

DESCOLAR DE NOTAS AUTOADESIVAS

Cole folhas de um bloco de notas autoadesivas do tipo *post-it* em uma porta de vidro ou em um espelho e permita que sejam retiradas pela criança. Essa atividade verticalizada proporciona uma verdadeira mudança na rotina diária.

A partir de que idade?
7 meses.
Tempo necessário:
5 minutos.
Preparo: fácil.
O que é promovido?
Habilidades motoras finas e músculos dos braços e dos ombros.
Material: bloco de notas autoadesivas do tipo *post-it* e espelho.

A PRIMEIRA TORRE DE EMPILHAR

A partir de que idade?
7 meses.
O que é promovido?
Habilidades motoras finas.

Nesta fase, pode-se oferecer ao bebê sua primeira torre de empilhar.
Para isso, é mais adequado utilizar argolas grandes, pois, devido ao seu diâmetro, são especialmente fáceis de encaixar e retirar. Também é possível utilizar argolas e um suporte para rolo de papel-toalha. Inicie oferecendo apenas uma argola e aumente a quantidade aos poucos. No começo, o bebê irá provavelmente retirar a argola e, em seguida, levá-la imediatamente à boca.

INSERIR TAMPAS DE POTES EM UMA CAIXA ATRAVÉS DE UMA FENDA

Cole papel colorido em uma caixa ou em uma caixa de lenços de papel. Faça uma fenda larga na parte superior da caixa. Entregue a caixa para a criança junto com um cesto de tampas de potes. Apresente a atividade de maneira gradual, demonstrando como fazer uma tampa passar através da fenda.

A partir de que idade?
8 meses.
Tempo necessário:
20 minutos.
Preparo: médio.
O que é promovido?
Habilidades motoras finas.
Material: papel colorido, tesoura e cesto com tampas de potes.

CAIXA PARA ARREMESSO DE BOLA

A partir de que idade?
8 meses.
Tempo necessário:
20 minutos.
Preparo: médio.
O que é promovido?
Habilidades motoras finas.
Material: duas caixas de sapato, tesoura, pistola de cola quente e cesto.

Desenhe e recorte um círculo no fundo de uma caixa de sapatos velha. Utilize a tampa de uma caixa de papelão maior e cole a caixa de sapatos na parte interna da tampa com cola quente, de modo que o buraco fique na parte superior. Agora, a criança pode arremessar bolas na caixa superior (as bolas devem estar em uma cesta separada), e elas seguirão pela "pista" construída com a tampa maior, sem se deslocarem para muito longe.

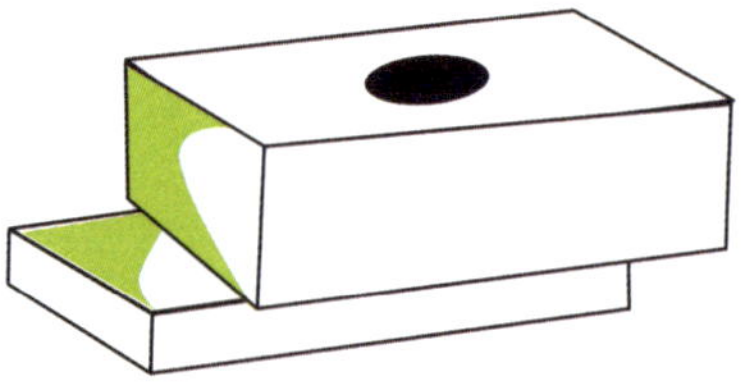

QUEBRA-CABEÇA DE OVO

Um ovo de madeira com um suporte de ovos também de madeira é uma excelente opção como primeiro quebra-cabeça. Essa escolha cria uma conexão direta com o ambiente, proporcionando à criança diversão ao inserir e retirar o ovo.

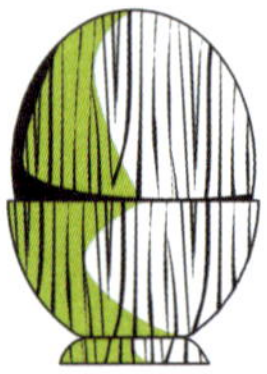

A partir de que idade?
8 meses.
O que é promovido?
Habilidades motoras finas.

FORMAS E CORES

JOGOS DE SOMBRA

A partir de que idade?
6 meses.
O que é promovido?
Atenção, concentração e rastreamento de objetos em movimento com os olhos.

Anteriormente, apresentamos um jogo de sombras bastante simples para bebês pequenos **[ver página 39]**. Para esse jogo, o ambiente deve ser escurecido, e é necessário dispor de uma fonte de luz. Nesta fase, pode-se criar sombras na parede usando as mãos. Também é possível oferecer uma lanterna para a criança brincar. A partir dos 6 meses de idade, a capacidade de concentração do bebê melhora, permitindo a participação em jogos de sombras convencionais.

CESTO DOS TESOUROS PARA VÁRIAS CORES

Monte um cesto dos tesouros com objetos que tenham cores semelhantes. Para a cor amarela, por exemplo, pode-se incluir no cesto um pano amarelo, um patinho de borracha amarelo e uma banana.

A partir de que idade?
6 meses.
Tempo necessário:
10 minutos.
Preparo: fácil.
O que é promovido?
Percepção de cores.
Material: cesto dos tesouros, pato de borracha, banana e pano.

GARRAFAS SENSORIAIS

A partir de que idade?
6 meses.
Tempo necessário:
15 minutos.
Preparo: fácil.
O que é promovido?
Percepção e concentração.
Material: garrafa de plástico, água, óleo de bebê e glitter.

Este exercício é semelhante aos tapetes de água do capítulo anterior [ver página 44]. Encha cerca de 2/3 do volume de uma pequena garrafa de plástico transparente com água. Adicione um pouco de óleo para bebês para proporcionar características interessantes à água. A garrafa sensorial pode ser preenchida com diversos materiais de artesanato, como pompons, glitter, pequenas pedras decorativas etc.

CONSTRUÇÃO DE UMA TORRE COM BLOCOS DE MONTAR

Junto com a criança, construa uma torre usando blocos coloridos. Empilhe os blocos um a um, nomeando suas cores durante o processo. Embora ainda seja desafiador para a criança participar ativamente, derrubar a torre posteriormente certamente será bastante divertido.

A partir de que idade?
8 meses.
O que é promovido?
Percepção de cores.

CAIXA COM FUROS

A partir de que idade?
8 meses.
Tempo necessário:
15 minutos.
Preparo: fácil.
O que é promovido?
Percepção de diferentes tamanhos.
Material: caixa de sapato, tesoura e bolas de tamanhos diferentes.

Faça furos de tamanhos variados em uma caixa de sapatos. Ofereça à criança bolas de diferentes tamanhos para serem inseridas nos furos. Ela perceberá que algumas aberturas são muito pequenas para algumas bolas.

LINGUAGEM E AUDIÇÃO

PAU DE CHUVA

O pau de chuva é um instrumento musical que imita os sons da chuva e tem origem na cultura chilena. O brinquedo pode ser construído em casa com alguns materiais simples:

- uma embalagem de batatas *chips* ou um tubo de papelão
- alguns pregos
- papel vegetal
- arroz ou lentilhas
- dois elásticos
- fita crepe
- material para decoração e colagem

Martele os pregos ao longo de toda a parte externa do tubo, "desenhando" uma espiral contínua, desde o topo até a base. Em seguida, recorte dois pedaços de papel vegetal em tamanho um pouco maior que as aberturas das extremidades do tubo. Coloque um dos pedaços sobre uma das aberturas e prenda-o com elástico. Pela outra extremidade, encha cerca de 1/4 do tubo com arroz ou lentilhas e feche a abertura com o outro pedaço de papel vegetal, prendendo com o segundo elástico. Para garantir a segurança, envolva agora todo o tubo com fita crepe, evitando qualquer risco de lesão pelos pregos. Por fim, decore o tubo como quiser, com papel de presente, glitter etc. Vire o pau de chuva de cabeça para baixo e depois para cima, em movimentos alternados, para mostrar à criança como os sons são produzidos.

A partir de que idade?
6 meses.

Tempo necessário:
1 hora.

Preparo: difícil.

O que é promovido?
Audição e habilidades motoras grossas.

Material: tubo, pregos, papel vegetal, arroz, elásticos, fita crepe e material para decoração.

BATER EM TAMPAS DE PANELA

A partir de que idade?
6 meses.
Tempo necessário:
5 minutos.
Preparo: fácil.
O que é promovido?
Audição, habilidades motoras grossas e autoconfiança.
Material: colher de pau e várias tampas de panela.

Posicione a criança diante de algumas tampas de panela e coloque uma colher de pau ao lado dela. Os pais podem demonstrar uma vez como bater nas tampas com a colher de pau. A criança achará muito interessante criar esses sons por conta própria.

INSTRUMENTOS MUSICAIS

A partir dos 6 meses de idade, é possível introduzir os primeiros instrumentos musicais para o bebê, como um pequeno tambor, dois pandeiros e um sino. Inicialmente, ofereça apenas um instrumento de cada vez, para evitar sobrecarregar o bebê. Ele ficará ocupado explorando a forma e o som do instrumento. Pode-se também cantar uma música para o bebê e acompanhá-lo com o instrumento.

A partir de que idade?
6 meses.
O que é promovido?
Educação musical precoce, audição e autoconfiança.

PELÚCIA COM CAIXINHA DE MÚSICA

A partir de que idade?
6 meses.
O que é promovido?
Habilidades motoras finas e autoconfiança.

Talvez, uma caixinha de música tenha sido tocada regularmente para o bebê na barriga da mãe durante a gravidez, ou talvez ainda essa caixinha de música tenha se tornado parte essencial do ritual de adormecer da criança. Coloque a caixinha de música nas mãos da criança e demonstre como dar corda. Uma vez que a criança tenha sucesso nesse movimento, é provável que ela o repita com prazer e, naturalmente, explore bastante a caixinha de música ou o bichinho de pelúcia com a boca.

RECIPIENTE DE ESCUTA

Neste estágio, há um aumento do interesse por diferentes sons. Podem ser utilizados pequenos potes opacos e de fácil aderência, como os potinhos de filme fotográfico 35 milímetros preenchidos com uma variedade de materiais, como areia, arroz, lentilhas, uma única conta de madeira, um botão ou um sininho. As tampas podem ser fixadas com cola quente. Ofereça vários desses potinhos ao mesmo tempo para que os diferentes sons possam ser descobertos sequencialmente.

A partir de que idade?
6 meses.
Tempo necessário:
20 minutos.
Preparo: médio.
O que é promovido?
Audição.
Material: potes, arroz, lentilhas ou similares e pistola de cola quente.

CARTÕES COM ANIMAIS

A partir de que idade?
6 meses.
Tempo necessário:
15 minutos.
Preparo: fácil.
O que é promovido?
Vocabulário.
Material: cartões plastificados de animais.

Cartões plastificados com diferentes animais podem ser apresentados ao bebê, mencionando o nome do animal e imitando seu som característico. Também é possível fornecer detalhes sobre o animal. Por exemplo: "Este é um cachorro. Ele faz au-au. O cachorro é grande e tem pelagem marrom.". Recomenda-se evitar o uso de linguagem infantilizada, como frases do tipo: "olha o au-auzinho".

TATO

DESENHO COM IOGURTE

Como as crianças nesta faixa etária ainda estão na fase oral, é aconselhável usar algo comestível para a primeira experiência de pintura.
O iogurte é uma opção especialmente adequada e pode ser colorido com corante alimentar. Ao posicionar a criança em seu cadeirão (a capacidade de sentar-se sozinha é um pré-requisito) e distribuir várias porções de iogurte em pontos diferentes da bandeja do cadeirão com uma colher, a criança naturalmente tocará no iogurte, iniciando o processo artístico por conta própria.

A partir de que idade?
6 meses.
Tempo necessário:
5 minutos.
Preparo: fácil.
O que é promovido?
Habilidades de desenho.
Material: iogurte, corante alimentar e colher.

A partir de que idade?
6 meses.
O que é promovido?
Tato.
Material: bobe de cabelo e cesto.

BOBE DE CABELO

Caso você tenha acesso a bobes de cabelo, eles podem ser oferecidos ao bebê em uma pequena cesta para exploração. O bebê provavelmente teve pouco ou nenhum contato com objetos pontiagudos até o momento, o que os torna particularmente interessantes.

BAMBOLÊ COM MATERIAIS SENSORIAIS

Fixe diferentes objetos com texturas interessantes a um bambolê grande. Use panos, algumas argolas do carrinho de bebê, amarre uma escova de cabelos de bebês a um barbante etc.

A partir de que idade? 6 meses.
Tempo necessário: 15 minutos.
Preparo: médio.
O que é promovido? Movimento (circular) e tato.
Material: bambolê, pano etc.

CUBO SENSORIAL

A partir de que idade? 6 meses.
Tempo necessário: 30 minutos.
Preparo: médio.
O que é promovido? Tato.
Material: cubo de madeira, vários tecidos e cola.

Os cubos sensoriais são adequados tanto para crianças que já conseguem se sentar sozinhas quanto para momentos de brincadeiras de bruços. O cubo sensorial também é um ótimo brinquedo para levar consigo, em viagens de carro, por exemplo. Adquira um cubo de madeira com cerca de 6 centímetros de lado em uma loja de materiais de construção. Em seguida, é possível revestir as diversas faces do cubo com materiais variados, como diferentes tipos de tecido (jeans, algodão, veludo), um pedaço de esteira de palha, papel laminado, entre outros. O cubo sensorial pode ser manipulado com facilidade, sendo prontamente recuperado se cair, já que ele não rola muito longe.

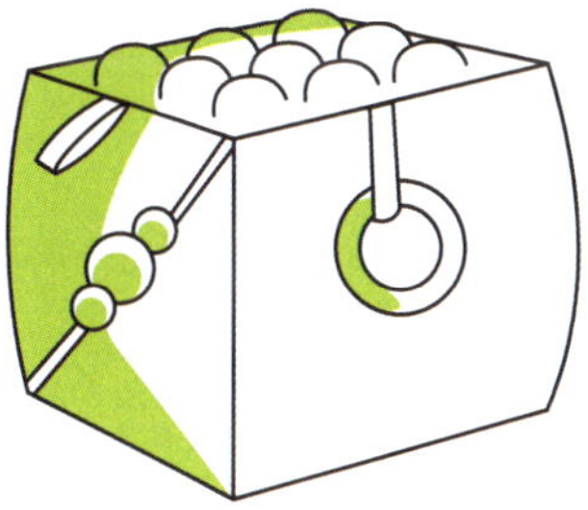

BOLA SENSORIAL

As bolas proporcionam grande diversão para as crianças que já têm mobilidade, pois podem engatinhar atrás delas. Feitas de material sintético, as bolas sensoriais apresentam texturas variadas, sendo fáceis de agarrar e possuem, ao mesmo tempo, uma textura interessante.

A partir de que idade? 6 meses.
O que é promovido? Tato, movimento e arremesso.

CESTA DOS TESOUROS COM MATERIAIS SENSORIAIS

A partir de que idade?
6 meses.
Tempo necessário:
5 minutos.
Preparo: fácil.
O que é promovido?
A criança deve conhecer diferentes texturas e expandir seu vocabulário.
Material: cesta, escova de bebê ou outros objetos.

As cestas dos tesouros descritas anteriormente também podem ser preenchidas com materiais sensoriais. Por exemplo, uma escova de bebê, um pente, várias esponjas ou até mesmo uma colher de mel.

PAREDE SENSORIAL

Pense grande! Analogamente ao cubo sensorial, que também é adequado para viagens, é possível criar uma parede sensorial para a criança. A parede tem a vantagem de proporcionar espaço para vários materiais diferentes e incentivar a criança a brincar de forma vertical.

Para criar uma parede sensorial, serão necessários alguns pedaços de caixas de papelão. Corte-as em partes do mesmo tamanho e grude-as na parede com fita crepe. Agora, você pode equipar a parede sensorial com diversos materiais, usando itens encontrados em casa, como:

- tecidos variados
- papel laminado
- pompons grandes
- plástico-bolha
- um tapete de grama
- espaguete seco
- um pedaço de cortiça
- lentilhas secas formando um tapete

Cole cada item firmemente com uma pistola de cola quente e posicione a parede sensorial. A criança desenvolverá interesse pela parede e a explorará em profundidade.

A partir de que idade?
6 meses.
Tempo necessário:
1 hora.
Preparo: médio.
O que é promovido?
Sentido do tato e músculos do braço.
Material: Caixa de papelão, tesoura, fita crepe, materiais de texturas diversas e pistola de cola quente.

TREINAMENTO COGNITIVO

BRINCADEIRA "CADÊ? ACHOU!"

A partir de que idade? 6 meses.
O que é promovido? Permanência do objeto.
Material: panos.

Esconda o rosto atrás de um pano e permita que a criança o puxe. Se ela ficar assustada, comece de novo com panos semitransparentes. Um pano leve também pode ser posto sobre a cabeça da criança. Caso ela não consiga remover o pano por conta própria, ajude-a para evitar qualquer sensação de medo.

PUXAR PANOS DE UMA *OBALL*

Puxe panos do interior de uma bola interativa clássica *Oball*. Demonstre para a criança como puxar um pano para fora e, em seguida, entregue-lhe o brinquedo. Em vez de panos, é possível utilizar as meias do bebê. Emaranhe as meias suavemente para tornar o exercício um pouco mais desafiador. Mesmo assim, o bebê deve ser capaz de puxá-las facilmente, desenvolvendo uma compreensão de causa e efeito.

A partir de que idade? 6 meses.
Tempo necessário: 5 minutos.
Preparo: fácil.
O que é promovido? Habilidades motoras finas, planejamento da ação.
Material: panos ou meias e uma bola interativa clássica *Oball*.

CAIXA DE PUXAR

A partir de que idade?
6 meses.
Tempo necessário:
15 minutos.
Preparo: fácil.
O que é promovido?
Senso de causa e efeito.
Material: garrafa opaca, chave de fenda e cadarços.

Limpe muito bem uma garrafa opaca (por exemplo, de bebidas ou detergente). Faça um número par de furos nela com uma chave de fenda. Agora, passe um cadarço por um furo na garrafa e puxe-o para fora por outro furo. Amarre um nó em ambas as extremidades para que o cadarço não possa ser retirado da garrafa. Repita isso até que todos os furos da garrafa tenham um cadarço passado através deles.

Dê a garrafa à criança e demonstre como puxar um cadarço. A criança imitará esse movimento e, com o tempo, perceberá que puxar de um lado faz com que o cadarço entre pelo outro lado.

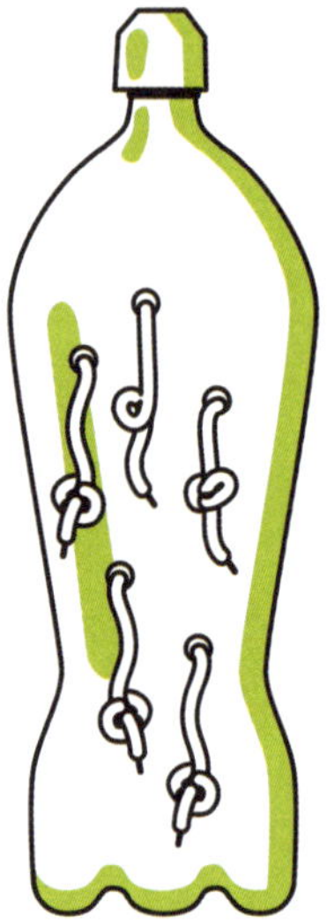

LIBERTAR OS PATOS DE BORRACHA

Use uma forma de assar com bordas altas e cubra-a com elásticos cruzados. Coloque patinhos de borracha (ou bolas) no fundo da forma e peça que a criança liberte os patinhos.

A partir de que idade?
6 meses.
Tempo necessário:
10 minutos.
Preparo: fácil.
O que é promovido?
Habilidades motoras finas e planejamento da ação.
Material: forma de assar, elásticos e patos de borracha.

LIVROS

A partir de que idade?
6 meses.
O que é promovido?
Desenvolvimento da linguagem.

Existem livros atrativos para crianças muito novas, com imagens grandes e simples, além de rimas. Alguns são de papelão, outros são livros sensoriais.

HOW TO
BE YOU

NOVE A DOZE MESES

Desenvolvimento motor: neste estágio, a criança é capaz de sentar-se e levantar-se segurando nos móveis ou até mesmo ficar de pé sem ajuda. Ao apoiar-se em móveis ou segurar-se com uma das mãos, a criança já consegue dar alguns passos. Muitas crianças dão seus primeiros passos sem ajuda durante este período.

Durante estes meses, ocorre o treinamento do pinçamento, ou seja, a habilidade de segurar pequenos objetos com o polegar e o indicador. As atividades com objetos pequenos também podem estimular a criança a realizar esse movimento.

Desenvolvimento dos sentidos: a criança é capaz de identificar objetos mesmo quando parcialmente visíveis, demonstrando bastante habilidade em se orientar no seu entorno. O bebê é capaz de se voltar na direção de um som para explorar a sua origem.

Desenvolvimento da linguagem: a criança inicia a pronunciar as primeiras palavras e compreende frases e instruções simples. A aquisição de vocabulário pode ser estimulada por meio da leitura em voz alta e de atividades direcionadas. A atenção da criança se volta para os objetos quando os pais os apontam e nomeiam.

Desenvolvimento cognitivo e relacional: a criança apresenta pleno desenvolvimento da permanência do objeto e tem ciência de que objetos não mais visíveis continuam existindo. Ela aprendeu que os objetos possuem um centro de gravidade e que uma torre pode tombar. Para apoiar as ações da criança, é possível planejar brincadeiras apropriadas a este estágio de desenvolvimento.

A expressão emocional da criança ocorre por meio da voz, e suas características estão gradualmente se revelando. Os pais podem promover a autonomia ao envolver a criança em tarefas cotidianas, algumas das quais podem ser iniciadas na fase do engatinhar. À medida que ela adquire a capacidade de andar livremente, surgem diversas oportunidades para participação ativa na vida cotidiana.

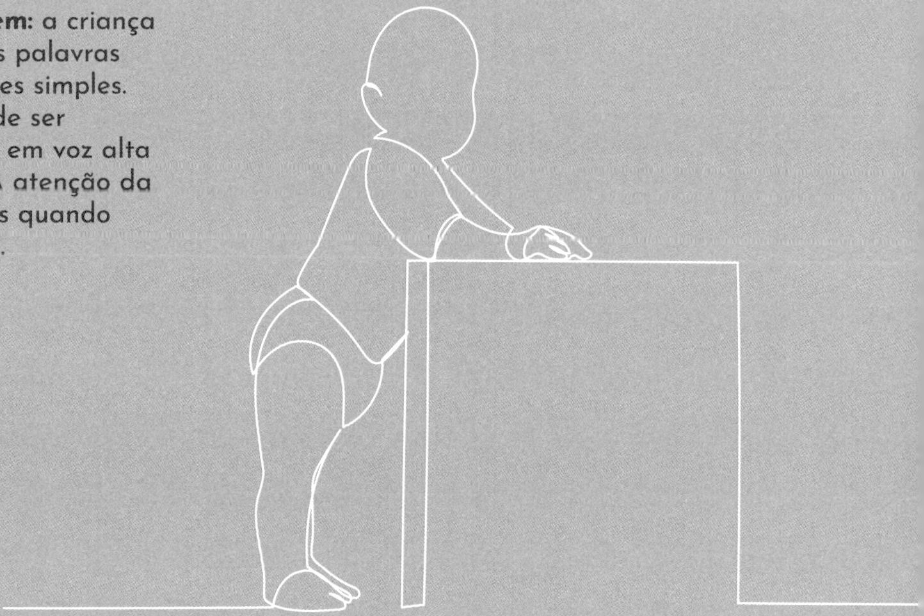

COORDENAÇÃO OLHO-MÃO

BRINQUEDOS EMBRULHADOS

Embrulhe um brinquedo novo ou pouco usado em papel alumínio e deixe a criança desembrulhá-lo. Para uma opção mais sustentável, o papel de presente ou papel manteiga pode ser utilizado, embora o papel alumínio se ajuste melhor ao brinquedo, tornando o exercício mais desafiador. Se houver sobras desse papel em casa, elas podem ser utilizadas aqui. Certifique-se de que a criança seja supervisionada durante a atividade para prevenir o risco de asfixia.

A partir de que idade?
9 meses.
Tempo necessário:
10 minutos.
Preparo: fácil.
O que é promovido?
Habilidades motoras finas.
Material: brinquedos, papel alumínio.

ELÁSTICOS DE BORRACHA PARA USO DOMÉSTICO EM ROLOS DE PAPEL HIGIÊNICO

A partir de que idade?
9 meses.
Tempo necessário:
5 minutos.
Preparo: fácil.
O que é promovido?
Habilidades motoras finas.
Material: rolo de papel higiênico e elástico de borracha para uso doméstico.

Pegue um rolo de papel higiênico vazio e coloque elásticos de borracha ao redor dele. Mostre para a criança como retirar um elástico do rolo e ofereça a oportunidade para que ela possa repetir o exercício.

BOLHAS DE SABÃO

Os bebês gostam de soprar bolhas de sabão. Coloque a criança sobre uma manta ao ar livre e sopre bolhas de sabão em sua direção. As bolhas estourarão em torno das pernas e dos braços, incentivando-a a tentar tocá-las.

A partir de que idade?
9 meses.

O que é promovido?
Habilidades motoras finas.

EMPILHAMENTO DE COPOS DE PAPEL

A partir de que idade?
9 meses.

Tempo necessário:
5 minutos.

Preparo: fácil.

O que é promovido?
Habilidades motoras finas.

Material: copos de papel.

Coloque três a cinco copos de papel na frente da sua criança e demonstre como colocar um copo dentro do outro. Agora, a criança tentará imitar essa atividade, encaixando e separando repetidamente os copos.

PIÃO SONORO

Um grande pião sonoro é ótimo para bebês. Inicialmente, o pião pode ser colocado em movimento. A criança ficará fascinada com o movimento e engatinhará atrás do pião interromperá o movimento, explorando-o primeiramente com a boca. Demonstre novamente o movimento. Com o tempo, a criança tentará girar o pião por conta própria.

A partir de que idade?
9 meses.
O que é promovido?
Habilidades motoras finas e movimento.

ESCOLHA DE SEMENTES

A partir de que idade?
9 meses.
Tempo necessário:
15 minutos.
Preparo: fácil.
O que é promovido?
Habilidades motoras finas.
Material: sementes, cesto e caixa de ovos vazia.

Este exercício certamente trará uma atmosfera de outono para a sua sala de estar. Recolha sementes durante um passeio e coloque algumas delas em um cesto em casa. Ofereça à criança uma caixa de ovos vazia e, lentamente, retire uma semente do cesto e coloque-a na caixa. O movimento será imitado. É importante manter proximidade durante a atividade, pois há risco de asfixia caso uma semente seja colocada na boca.

PUXAR AS ARGOLAS

Caso tenha adquirido um triângulo articulado inspirado na metodologia Pikler para a criança, esse pode ser oferecido a partir dos 9 meses para treinar as habilidades motoras grossas. Além disso, é possível realizar outras atividades com o triângulo. Cole a fita dupla face em um pedaço grande de papelão e prenda-o a um dos lados do triângulo Pikler ou, caso não tenha um, a uma janela do tipo do piso ao teto ou a uma porta de vidro. Fixe algumas argolas à fita. Utilize as argolas de um jogo de empilhamento ou os elos de uma corrente de carrinho de bebê. Demonstre como retirar uma argola da fita adesiva e permita que as demais sejam removidas pela criança. Este exercício de jogo vertical treina não apenas as habilidades motoras finas, mas também fortalece os músculos dos braços da criança.

A partir de que idade?
9 meses.
Tempo necessário:
5 minutos.
Preparo: fácil.
O que é promovido?
Habilidades motoras finas e músculos dos braços e dos ombros.
Material: triângulo Pikler, papelão, fita adesiva e argolas.

FORMAS E CORES

ENGATINHAR POR UM TÚNEL

A partir de que idade?
9 meses.
Tempo necessário:
5 minutos.
Preparo: fácil.
O que é promovido?
Movimento.
Material: túnel de brinquedo ou triângulo Pikler e panos coloridos.

A maioria dos bebês adora engatinhar por túneis coloridos de brinquedo. Devido à textura das paredes, o ambiente ao redor deles fica banhado em luz colorida. Caso não tenha um túnel de brinquedo, use um triângulo Pikler, pendurando nele vários panos coloridos.

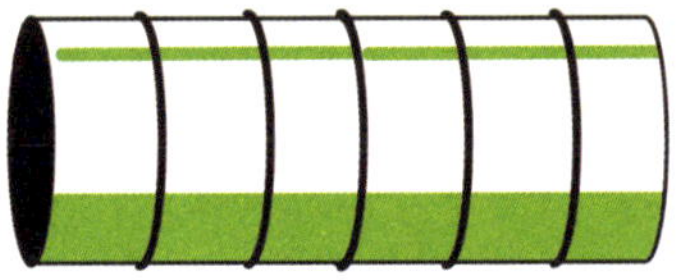

O PRIMEIRO QUEBRA-CABEÇA

A partir de aproximadamente 10 meses de idade, pode-se oferecer quebra-cabeças à criança. Os mais adequados são aqueles compostos por apenas uma peça, encontrados comumente em lojas Montessori, representando geralmente as três formas básicas: círculo, quadrado e triângulo. Inicialmente, a criança explorará a peça do quebra-cabeça principalmente com a boca, mas, ao longo do tempo, tentará removê-la do encaixe e recolocá-la.

A partir de que idade?
9 meses.
O que é promovido?
Habilidades motoras finas e envolvimento com formas geométricas.

COLOCAR BOLAS EM UMA ASSADEIRA DE PÃES DE QUEIJO

A partir de que idade?
9 meses.
Tempo necessário:
5 minutos.
Preparo: fácil.
O que é promovido?
Habilidades motoras finas, vocabulário.
Material: bolas sensoriais ou de feltro, cesto e assadeira de pães de queijo.

Coloque bolas sensoriais ou de feltro de cores diferentes em um cesto e ofereça para a criança juntamente com uma assadeira de pães de queijo. Pegue uma bola e coloque-a na assadeira. Enquanto faz isso, mencione a cor da bola. A criança tentará em seguida transferir as outras bolas. Novamente, ao fazer isso, comente sobre a cor da bola escolhida.

GARRAFAS E MATERIAIS NATURAIS

Ao sair para passear com o bebê, colete objetos da natureza, como flores, musgo, folhas, pedras e grama. Organize os materiais naturais tematicamente em garrafas e sele-os com uma pistola de cola quente. Coloque as garrafas em uma cesta dos tesouros para oferecer à criança. Os materiais naturais podem ser observados de todos os lados pela criança, sem preocupações com o risco de ingestão.

A partir de que idade?
9 meses.
Tempo necessário:
10 minutos.
Preparo: fácil.
O que é promovido?
Envolvimento com materiais naturais.
Material: objetos da natureza, garrafas e pistola de cola quente.

CONHECIMENTO DAS FORMAS GEOMÉTRICAS

A partir de que idade?
9 meses.
Tempo necessário:
10 minutos.
Preparo: fácil.
O que é promovido?
Habilidades motoras finas.
Material: caixa de papelão, tesoura, pistola de cola quente e tampinha plástica ou macarrão cru.

Faça dois cortes no fundo de uma caixa de papelão. Esses cortes devem ter duas formas diferentes: para começar, um círculo e um quadrado são adequados. Recorte de outro papelão alguns círculos e quadrados. O objetivo do exercício é que a criança encaixe as formas nos recortes correspondentes. Para facilitar o manuseio, pode-se criar uma alça para as formas, fixando nelas com cola quente uma tampinha plástica ou um macarrão cru.

Como alternativa, também são adequadas as caixas de blocos de montar com buracos na tampa para cada forma geométrica ou as caixas para encaixe das formas correspondentes. No entanto, as muitas formas diferentes podem representar um desafio para a criança nesta idade, enquanto, na solução caseira, é possível adicionar novas formas aos poucos.

LINGUAGEM E AUDIÇÃO

FOTOS DE FAMÍLIA PLASTIFICADAS

Imprima fotos de membros da família e amigos com os quais a criança tenha contato regular. Arredonde as bordas e entregue as fotos para ela. Diga os nomes das pessoas representadas nas fotos. Assim, a criança aprenderá os nomes das pessoas que mais encontra.
Pode-se também transformar essa atividade em um jogo, fixando as fotos na parede e colocando uma nota autoadesiva do tipo *post-it* sobre o rosto de cada pessoa.
Os papéis podem ser retirados pela criança, proporcionando-lhe a alegria de ver os rostos familiares, ao mesmo tempo em que internaliza os nomes.

A partir de que idade?
9 meses.
Tempo necessário:
15 minutos.
Preparo: fácil.
O que é promovido?
Vocabulário.
Material: Fotos de membros da família e bloco de notas autoadesivas do tipo *post-it*.

ENGATINHAR POR UM TÚNEL

A partir de que idade?
9 meses.
O que é promovido?
Habilidades motoras finas, audição e autoconfiança.

Os bebês que conseguem se sentar com segurança se divertem com os sons de uma pista de bolinhas de gude. As pistas de bolinhas são interessantes mesmo para as crianças mais velhas, pois são adequadas para experimentos: qual desce mais rápido? Qual faz mais barulho? O que acontece quando algumas delas descem ao mesmo tempo?
As pistas de bolinhas de gude são, portanto, um investimento interessante. Certifique-se de que as bolinhas não sejam muito pequenas para evitar risco de sufocamento. No entanto, não deixe a criança sozinha, mesmo que utilize bolas de gude maiores. Existem também pistas com carrinhos em vez de bolinhas, que são mais difíceis de serem engolidos.

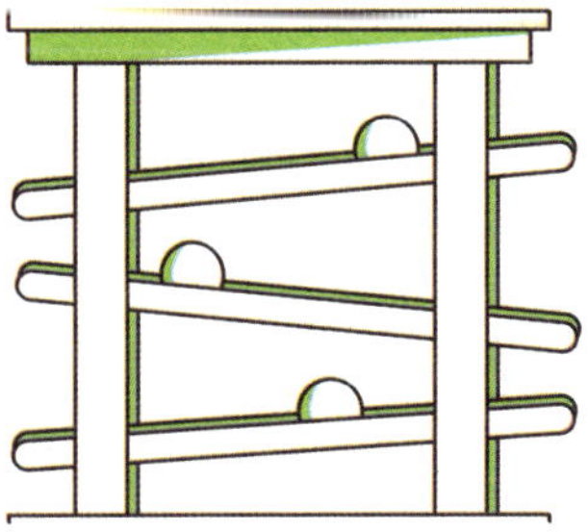

CAIXA SURPRESA

Cole papel de embrulho em uma caixa e corte um buraco circular na parte superior com cerca de 8 centímetros de diâmetro para que a criança possa confortavelmente colocar a mão e o antebraço dentro. Cubra o buraco com alguns pedaços de papel, cortando duas folhas de cerca de 10x8 centímetros em tiras de 2 centímetros de largura. Cole as tiras ao redor do buraco para criar uma cortina que o cubra. Na caixa, é possível colocar frutas ou legumes, especialmente aqueles que toleram manuseio mais brusco, como uma maçã.

Então, coloque a mão dentro da caixa e aja como se estivesse procurando por algo, mas não conseguisse encontrar. Agite a caixa para que seja possível ouvir que há algo dentro e entregue-a para a criança. Ela tentará trazer o conteúdo da caixa para fora, internalizando assim o nome do objeto encontrado.

A partir de que idade?
9 meses.
Tempo necessário:
20 minutos.
Preparo: médio.
O que é promovido?
Vocabulário.
Material: papelão, papel de embrulho, tesoura, papel, cola e frutas.

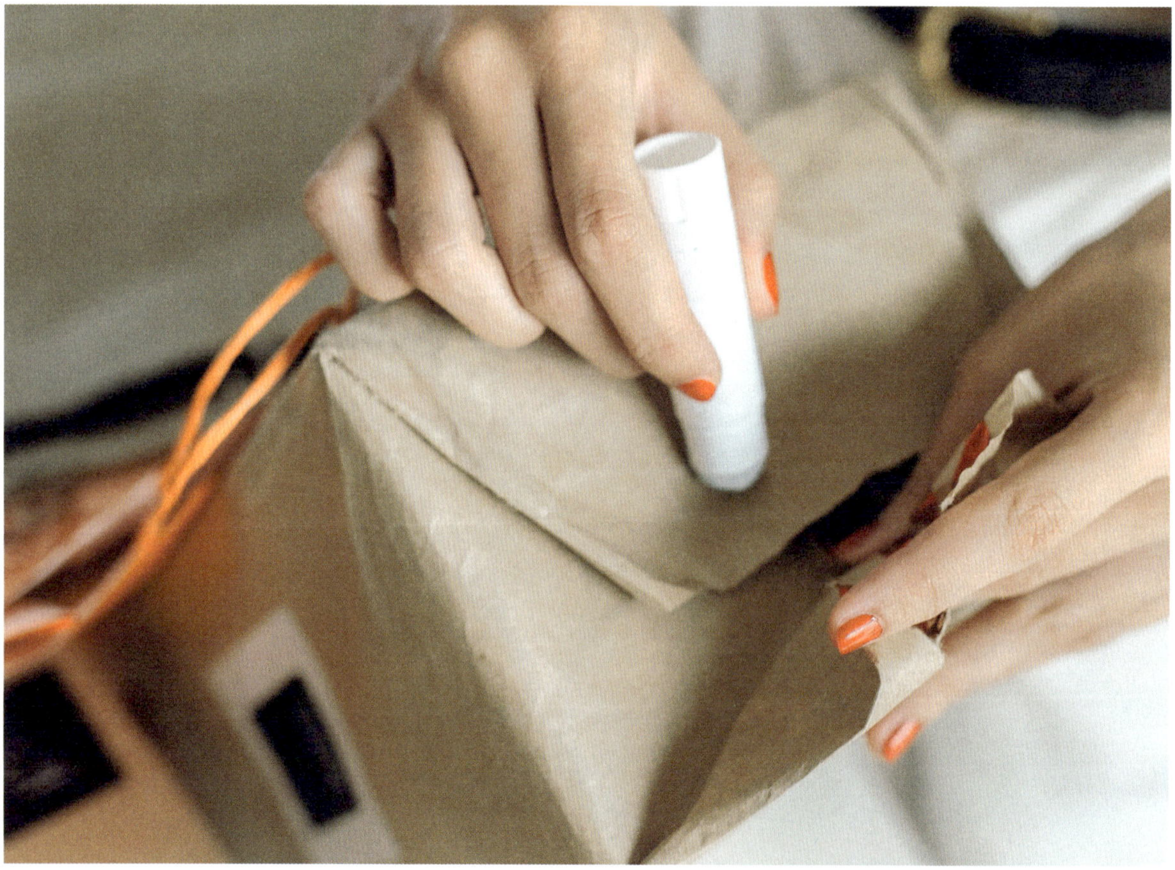

POP-IT

A partir de que idade?
9 meses.
Tempo necessário:
5 minutos.
Preparo: fácil.
O que é promovido?
Habilidades motoras finas e autoconfiança.

Pop-its são formas planas e coloridas que possuem numerosos botões redondos do tamanho de um polegar. Esses botões podem ser pressionados com os dedos, produzindo um estalo. Muitas vezes, os *pop-its* são usados por pacientes com TDAH, mas crianças pequenas também se divertem com esses brinquedos. Os bebês ficam fascinados pelos sons produzidos e desfrutam da sensação de acreditar na própria capacidade.

LIVROS

Nesta fase, é recomendado dedicar pelo menos 15 minutos diários para a leitura ou a visualização de livros com a criança. Ela aprenderá o idioma por meio da melodia sonora presente na leitura. Livros de figuras com um animal por página ou livros com rimas curtas são adequados para esse propósito.

Nesta idade, é possível disponibilizar vários livros para a criança ao mesmo tempo (recomenda-se não mais que cinco). Evite colocar os livros em uma prateleira acima da altura da criança, como é comum para os adultos. Como ela ainda não sabe ler, ver a capa do livro ajuda a identificá-lo. Para esse fim, existem pequenas bancadas de livros para crianças disponíveis para compra. Também é possível fixar uma prateleira na parede, utilizando, por exemplo, prateleiras de temperos: os livros não caem delas e ficam com a capa virada para frente.

A partir de que idade?
9 meses.
Tempo necessário:
15 minutos.
Preparo: fácil.
O que é promovido?
Vocabulário.
Material: livros com figuras.

TATO

BACIA RASA COM ALIMENTOS

A partir de que idade?
9 meses.
Tempo necessário:
5 minutos.
Preparo: fácil.
O que é promovido?
Paladar.
Material: bacia rasa, água, laranja, limão e hortelã.

Encha uma bacia rasa com água, aproximadamente 2,5 centímetros de altura, e coloque-a na frente da criança. Adicione fatias de laranja, fatias de limão e hortelã picada. Troque a água de vez em quando. O bebê irá examinar os alimentos na água e quase certamente experimentá-los. Dessa forma, vários sentidos são estimulados ao mesmo tempo.

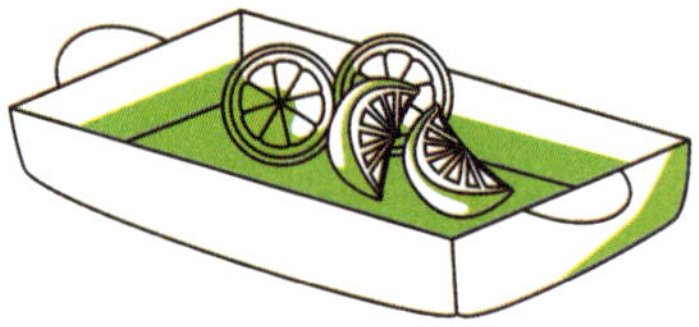

OOBLECK ("LAMA MÁGICA")

O *oobleck*, também conhecido como "lama mágica", é um líquido não newtoniano que proporciona uma grande experiência para todas as crianças. Os líquidos não newtonianos tornam-se sólidos quando submetidos a pressão. Isso é uma experiência completamente nova para a criança.

Misture a maisena e a água em uma tigela na proporção de 2:1 (duas xícaras de maisena para uma xícara de água) e permita que a criança brinque com a substância. Se desejar, você pode colorir previamente a "lama mágica" com corante alimentar. O *oobleck* pode ser facilmente descartado: quando fica sólido, pode ser limpo com o aspirador de pó; em estado líquido, pode ser despejado diluído no ralo.

A partir de que idade?
9 meses.
Tempo necessário:
5 minutos.
Preparo: fácil.
O que é promovido?
Sentido do tato, sensação de propriedades físicas.
Material: maisena, água e tigela.

CUBOS DE GELO COLORIDOS

A partir de que idade?
9 meses.
Tempo necessário:
5 minutos.
Preparo: fácil.
O que é promovido?
Tato.
Material: água, formas de gelo, corantes alimentares e sacos com fecho (tipo *ziplock*).

Coloque água em pequenas formas de gelo, adicione algumas gotas de corante alimentar em cada uma e congele. Em seguida, ofereça os cubos de gelo à criança em um saco tipo *ziplock* lacrado. Dessa forma, a criança poderá sentir a sensação de frio através do saco e observar como os cubos de gelo se transformam em água colorida.

PEDRAS NA ÁGUA

Encha uma bacia rasa com 2,5 centímetros de água e coloque em seu interior pedras. A criança pode jogar essas pedras na água à vontade e se divertir com os respingos. Reponha a água sempre que a bacia comece a esvaziar. Esse exercício é adequado para varandas ou jardins. Nunca deixe a criança sozinha, pois pode ocorrer engasgo ou afogamento.

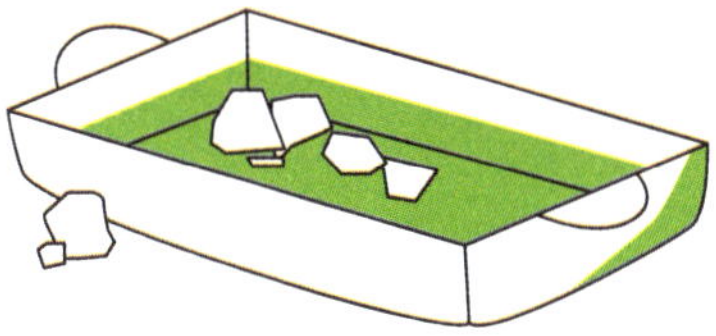

A partir de que idade?
9 meses.
Tempo necessário:
5 minutos.
Preparo: fácil.
O que é promovido?
Músculos dos braços e autoconfiança.
Material: bacia, água e pedras.

DIFERENÇAS NA TEMPERATURA

A partir de que idade?
9 meses.
Tempo necessário:
5 minutos.
Preparo: fácil.
O que é promovido?
Tato.
Material: cubos de gelo e areia.

Apresente as diferenças de temperatura à criança colocando cubos de gelo em uma tigela e areia morna em uma outra. Coloque uma das mãos da criança na tigela com gelo e diga "frio", em seguida, coloque a outra mão na tigela com areia e diga "quente". As diferenças de temperatura certamente serão fascinantes para a criança.

TREINAMENTO COGNITIVO

TORRE ROSA

A Torre Rosa é um instrumento Montessori clássico. Ela é formada por 10 cubos, sendo que a maior aresta tem um comprimento de 10 centímetros. O comprimento da aresta de cada cubo menor é sempre 1 centímetro menor do que o do cubo anterior. Portanto, o menor cubo tem aresta de 1 centímetro. Ao contrário de outras torres de empilhar, a Torre Rosa não é oca, pois é feita de madeira maciça. Dessa forma, os cubos individuais possuem tamanho, volume e peso diferentes.

Coloque o segundo maior cubo em cima do maior e mostre à criança como construir uma torre. Inicialmente, isso talvez não seja fácil para ela, mas, com o tempo, suas habilidades se desenvolverão. Manusear o cubo menor demanda habilidade e treina a destreza da preensão em pinça, sendo uma tarefa desafiadora.

A partir de que idade?
9 meses.
O que é promovido?
Habilidades motoras finas, relações físicas, pesos e tamanhos.

LABIRINTO ARAMADO DE BOLINHAS

A partir de que idade?
9 meses.
O que é promovido?
Habilidades motoras finas e raciocínio lógico.

Apresente à criança uma atividade de habilidades motoras como o labirinto ou o cubo aramado de bolinhas. A criança se divertirá com os desafios apresentados pelo movimento das peças individuais, descobrindo as melhores estratégias para resolvê-los.

PEQUENA FECHADURA COM CHAVE

Neste estágio, as crianças gostam de inserir objetos em algum lugar e depois removê-los. O exercício apresenta-se como um desafio cognitivo e de habilidades motoras finas. Para tanto, é necessário apenas um cadeado comum. Amarre a chave ao cadeado com um fio e mostre à criança como inserir a chave na fechadura e retirá-la novamente. Ela tentará imitá-lo. Inicialmente, a execução da atividade pode ser desafiadora, mas ao longo do tempo, haverá uma melhora progressiva.

A partir de que idade?
9 meses.
Tempo necessário:
15 minutos.
Preparo: fácil.
O que é promovido?
Habilidades motoras finas, preensão de pinça, raciocínio lógico e concentração.
Material: cadeado e chave.

CAIXA *IMBUCARE*

A partir de que idade?
9 meses.
Tempo necessário:
15 minutos.
Preparo: fácil.
O que é promovido?
Permanência do objeto.
Material: Caixa *Imbucare* (ou uma caixa de papelão) e bola.

Uma caixa *Imbucare* é uma pequena caixa de madeira com um orifício na parte superior, onde uma bola pode ser inserida. A bola cai em uma gaveta pequena, que a criança precisa abrir para recuperar a bola. Essa dinâmica possibilita demonstrar à criança que a bola que ela acaba de inserir no buraco permanece presente, mesmo que não esteja visível no momento.

Pode-se também construir uma caixa desse tipo usando uma caixa de papelão. Em vez de utilizar a gaveta, é possível fazer um recorte na parte frontal da caixa, permitindo que a bola seja alcançada manualmente. A abertura não deve ser muito profunda, para evitar que a bola role para fora por conta própria.

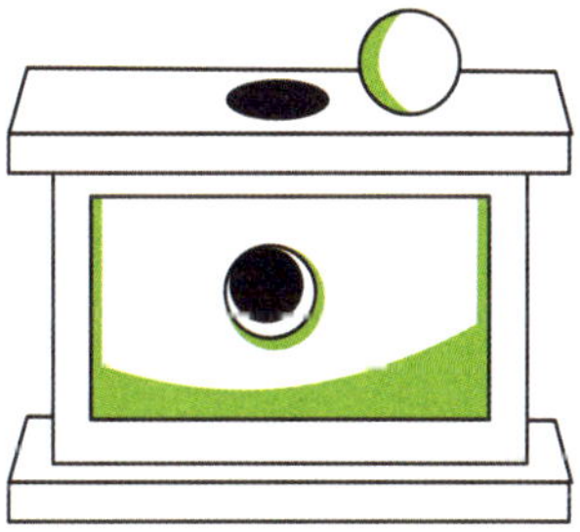

PAINEL SENSORIAL

Um painel sensorial é, por um lado, uma tarefa artesanal complexa, que demanda algum nível de habilidade manual, mas, por outro lado, é algo que poderá proporcionar diversão à criança muito além do primeiro aniversário. Painéis sensoriais prontos, em um tamanho atraente, geralmente têm um preço elevado. Por isso, a solução caseira se torna financeiramente vantajosa.

Para a versão artesanal, é necessário um painel de madeira e diversos objetos interessantes para a criança, que poderão ser nele fixados. Alguns exemplos apropriados incluem:

- vários tipos de fechos: zíper, corrente com cadeado etc.
- interruptor de luz
- várias fechaduras com chaves passivas (a chave passiva é aquela que não precisa ser girada para abrir a fechadura)
- uma buzina de bicicleta
- engrenagens rotativas e de encaixe
- um espelho
- bolas de madeira com uma corda (a corda é amarrada na parte de trás e as bolas podem ser movidas)
- ímãs grandes
- rodinhas (semelhantes às utilizadas nos móveis de casa)
- uma tomada com um plugue
- um xilofone
- um quebra-cabeça de encaixe com o formato do nome da criança

A partir de objetos encontrados em casa, é possível montar um bom painel sensorial. Outras peças podem ser adquiridas em uma loja de materiais de construção. O custo para construir um painel por conta própria pode ser acessível, dependendo dos materiais utilizados. As possibilidades são infinitas.

A partir de que idade?
9 meses.
Tempo necessário:
muitas horas.
Preparo: difícil.
O que é promovido?
Tato, motricidade fina, raciocínio lógico, atenção e concentração.

ABERTURA E FECHAMENTO DE RECIPIENTES

A partir de que idade?
11 meses.
Tempo necessário:
15 minutos.
Preparo: fácil.
O que é promovido?
Habilidades motoras finas, planejamento da ação e raciocínio lógico.
Material: caixas e estojos diversos.

A partir do primeiro ano de vida, as crianças têm uma preferência por abrir e fechar objetos. Ofereça diversas caixas e recipientes e demonstre como abri-los. A criança tentará realizar a atividade de forma independente. É recomendável realizar a troca regular dos objetos para manter a atividade atrativa para a criança.

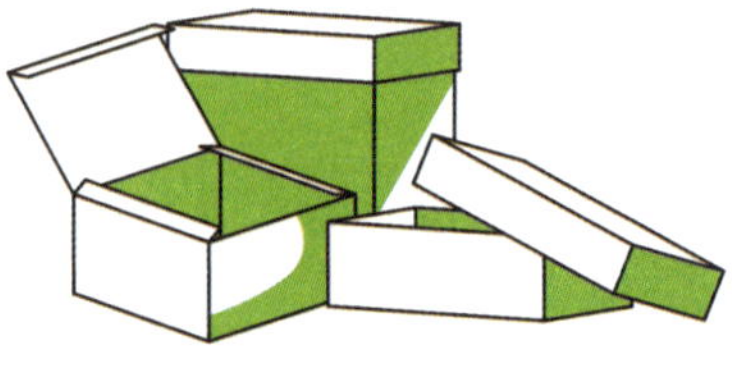

ATIVIDADES DA VIDA PRÁTICA

Para crianças que ainda não completaram o primeiro ano de vida, as atividades da vida prática geralmente começam à mesa de jantar. Ela adquire habilidades para se alimentar manualmente, reduzindo os episódios de engasgos, passa a beber em copos e a utilizar garfos. Assim que a criança consegue ficar de pé, torna-se possível incluí-la nas tarefas domésticas.

BEBER DE UMA XÍCARA PEQUENA OU DE UM COPO

Junto com os alimentos complementares, é recomendável oferecer líquidos à criança. Caso ainda não o tenha feito, considere começar a oferecer água em um pequeno copo ou em uma pequena xícara. Utilize, por exemplo, copos fáceis de segurar ou pequenos copos de café expresso. Os porta-ovos com formatos atraentes também são uma boa alternativa.

A partir de que idade?
9 meses.
O que é promovido?
Habilidades motoras finas.
Material: copos ou xícaras pequenos e água.

COMER PEDAÇOS PEQUENOS

A partir de que idade?
9 meses.
O que é promovido?
Habilidades motoras finas.

Até o momento, foram oferecidos à criança purê, petiscos (*finger food*) ou uma combinação dos dois. Independentemente da abordagem utilizada até agora na introdução alimentar, é apropriado iniciar a transição para alimentos sólidos. Uma prática eficaz para o desenvolvimento da habilidade motora ocorre quando a criança é encorajada a pegar pequenos pedaços (como frutas ou flocos de milho arredondados sem açúcar) utilizando a preensão de pinça.

ARRUMAR A MESA

Já é possível mostrar à criança como se põe a mesa. Existem jogos americanos de silicone com contornos desenhados para pratos, talheres e copos. Entretanto, é possível criar uma base semelhante desenhando em uma folha de papel grande e colocando-a sob uma superfície transparente e resistente à sujeira. Nesse processo, é importante garantir que os talheres estejam desenhados não ao lado do prato, mas acima dele, permitindo à criança decidir livremente com qual mão deseja pegar o talher. Isso oferece a vantagem de permitir que a criança escolha livremente qual mão usar para segurar os talheres. E, dessa forma, elas não são inconscientemente forçadas a uma lateralidade específica.

A partir de que idade?
9 meses.
O que é promovido?
Arrumação da mesa.
Material: papel, caneta e jogo americano transparente.

TIRAR A ROUPA DA MÁQUINA DE LAVAR

A partir de que idade?
10 meses.
O que é promovido?
Ficar em pé e autoconfiança.

Lavar as roupas é uma parte importante das responsabilidades domésticas, e há várias atividades nesse âmbito que a criança pode começar a assumir à medida que cresce. Crianças pequenas que já conseguem ficar de pé com segurança podem retirar a roupa da máquina de lavar e colocá-la no cesto de roupas. Se a máquina de lavar for muito alta, pode-se utilizar uma torre de aprendizagem como auxiliar.

ESCOLHA DE OVOS

Permita que as crianças coloquem ovos em um suporte para ovos retirado da geladeira. Pode-se utilizar ovos cozidos ou ovos de madeira para essa atividade. Se tiver coragem, experimente, sob supervisão, usar ovos crus.

A partir de que idade?
11 meses.
O que é promovido?
Habilidades motoras finas.
Material: suporte para ovos e ovos (cozidos ou de madeira).

DOZE A DEZOITO MESES

Desenvolvimento motor: nesse período, as crianças aprendem a ficar em pé sem apoio e a andar livremente. Elas adquirem habilidades como inclinar-se para a frente e levantar-se novamente, gostam de puxar objetos pela casa e tentam levantar coisas pesadas. Muitas crianças se interessam por escalar, e algumas já tentam pular. Aos 18 meses, a maioria já consegue dar alguns passos para trás e subir escadas usando os pés e as mãos.

A maioria das crianças com 18 meses consegue comer sozinha com garfo e colher, construir uma torre com três ou quatro blocos e desenhar uma linha no papel.

Desenvolvimento dos sentidos: a visão de longo alcance da criança está agora completamente desenvolvida, e sua acuidade visual é comparável à de um adulto. Ela consegue acompanhar objetos em movimento com facilidade.

Desenvolvimento da linguagem: nesta fase, a criança é capaz de pronunciar suas primeiras palavras e apontar para objetos quando questionada (por exemplo, as partes do corpo). Ela combina palavras e gestos para expressar ideias. Aos 18 meses, algumas crianças já conseguem falar até 50 palavras. A partir desse ponto, ocorre a chamada "explosão do vocabulário", com um rápido aumento no número de palavras ativamente faladas.

Desenvolvimento cognitivo e relacional: nesta fase, a criança é capaz de criar ideias e aprende a lidar com os objetos do cotidiano, como o telefone. Algumas delas já começam a organizar seus brinquedos por cor, forma ou tamanho, além de desmontar e remontar brinquedos.

É nesse período que surge a fase da autonomia, anteriormente conhecida como "fase do desafio". A criança busca independência em várias áreas, como comer e se vestir sozinha, muitas vezes experimentando frustrações ao tentar dominar novas habilidades. O uso frequente do "Não!" e eventuais acessos de raiva são características comuns. Lide com esses momentos com calma, espelhe os sentimentos da criança, nomeie esses sentimentos com palavras e permita que ela os expresse. Assim que ela se acalmar, console-a e permaneça presente o tempo todo. Ofereça conforto.

A criança gosta de estar com outras crianças e adultos e demonstra facilmente seu afeto. Ela se reconhece no espelho e imita as outras pessoas.

COORDENAÇÃO OLHO-MÃO

COLOCAR COTONETES EM UMA GARRAFA VAZIA

Apresente para a criança uma garrafa de plástico transparente, sem tampa, e cotonetes em um pequeno recipiente separado em uma bandeja. Deixe um cotonete cair dentro da garrafa e incentive a criança a realizar a mesma ação.

A partir de que idade?
1 ano.
Tempo necessário:
5 minutos.
Preparo: fácil.
O que é promovido?
Habilidades motoras finas.
Material: bandeja, garrafas plásticas e cotonetes em um recipiente separado.

TIRAR POMPONS DE UM BATEDOR DE OVOS

A partir de que idade?
1 ano.
Tempo necessário:
5 minutos.
Preparo: fácil.
O que é promovido?
Habilidades motoras finas.
Material: pompons, batedor de ovos e cesto.

Coloque pompons em um batedor de ovos e entregue-o à criança junto com uma pequena cesta. Demonstre como retirar um pompom do batedor e jogue-o na cesta. A criança repetirá essa ação.

TIRAR FITAS ADESIVAS DECORATIVAS DA PAREDE

Cole fitas adesivas decorativas, no estilo *Washi tape*, em cores atrativas na parede. Mostre à criança como remover a primeira fita e deixe-a retirar o restante. Para simplificar a atividade, pode-se deixar uma pequena ponta sobressair no final, facilitando a remoção da fita pela criança com a preensão de pinça.

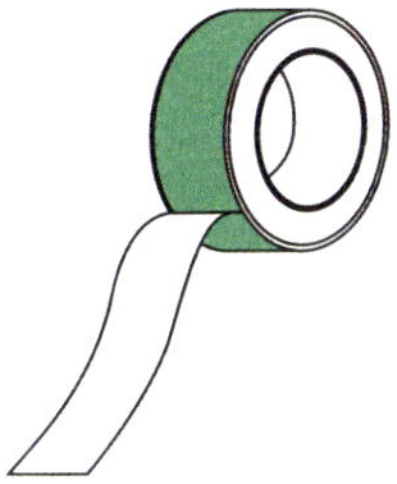

A partir de que idade?
1 ano.
Tempo necessário:
5 minutos.
Preparo: fácil.
O que é promovido?
Habilidades motoras finas, preensão de pinça, músculos dos braços e ombros.
Material: fita adesiva decorativa, no estilo *Washi tape*.

EXERCÍCIOS DE DESPEJAR

A partir de que idade?
1 ano.
Tempo necessário:
5 minutos.
Preparo: fácil.
O que é promovido?
Habilidades motoras finas, tato, concentração e atenção.
Material: bacia, lentilhas ou arroz e colheres.

Encha uma bacia rasa com lentilhas secas ou arroz. Apresente diversas ferramentas para exercitar a habilidade de despejar, como colheres, concha de sopa, funis ou colheres dosadoras. Isso pode atrair a atenção da criança e incentivá-la a se envolver em atividades lúdicas com esses materiais sensoriais.

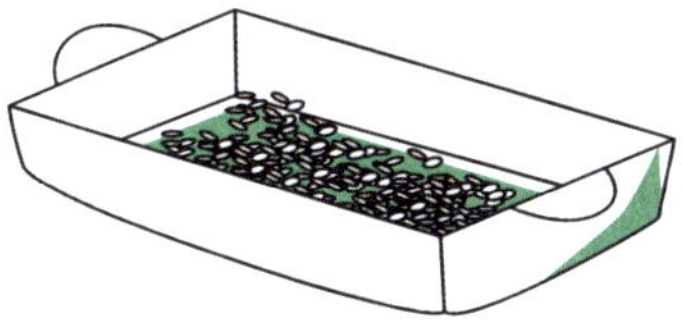

MOEDAS NO COFRINHO

Coloque um cofrinho em uma bandeja. Ao lado deixe moedas em um pequeno recipiente. Demonstre como inserir uma moeda no cofrinho e convide a criança a experimentar. O som das moedas ao cair pode motivá-la ainda mais.

A partir de que idade?
1 ano.
Tempo necessário:
5 minutos.
Preparo: fácil.
O que é promovido?
Habilidades motoras finas e concentração.
Material: cofrinho, bandeja e moedas.

DECORAR UM BONECO DE NEVE

A partir de que idade?
1 ano.

Tempo necessário:
5 minutos.

Preparo: fácil.

O que é promovido?
Habilidades motoras finas.

Material: papel escuro, lápis branco, bastão de cola, recipiente e pompons brancos.

Desenhe um boneco de neve em uma folha de papel escura com uma caneta branca e passe um bastão de cola na área do desenho. Ofereça o papel preparado com um pequeno recipiente cheio de pompons brancos. Coloque um pompom na superfície com cola e explique para a criança que ela irá cobrir o boneco com neve. Incentive a criança a realizar a atividade.

Este exercício é especialmente adequado para a estação fria. No verão, os pais podem desenhar um sorvete com várias bolas e deixar a criança decorar com pompons de cores diferentes. Em outubro, como alternativa, podem usar uma abóbora e pompons laranjas.

ARREMESSO DE BOLA CONTRA A PAREDE

Cole um pedaço de papel alumínio de aproximadamente 25x25 centímetros na parede ou na porta usando fita crepe. Esse será o alvo. Incentive a criança a arremessar a bola e acertá-la no alvo. O som do papel alumínio indicará quando o alvo for atingido.

A partir de que idade?
15 meses.

Tempo necessário:
10 minutos.

Preparo: fácil.

O que é promovido?
Movimento de arremesso, habilidade de pontaria e músculos dos braços e dos ombros.

Material: fita crepe, papel alumínio e uma bola macia ou esponjosa.

FORMAS E CORES

CLASSIFICAR CÍRCULOS POR COR

A partir de que idade?
1 ano.
Tempo necessário:
10 minutos.
Preparo: fácil.
O que é promovido?
Percepção das cores e primeiro exercício de classificação.
Material: papelão, tesoura, papel, bandeja e cesto.

Recorte aproximadamente vinte círculos de papelão ou cartolina em duas cores diferentes. Eles não precisam ter o mesmo tamanho. Pegue uma folha branca e cole metade dos círculos coloridos nela, usando ambas as cores e mantendo-as separadas. Apresente a folha à criança em uma bandeja e coloque os círculos em um cesto separado também na bandeja. Pegue um círculo e coloque-o na folha com a cor correspondente. Repita a ação com um círculo da outra cor. Nomeie as cores durante o processo. Incentive a criança a imitar essa atividade. Quando a criança estiver mais confiante, adicione outra cor.

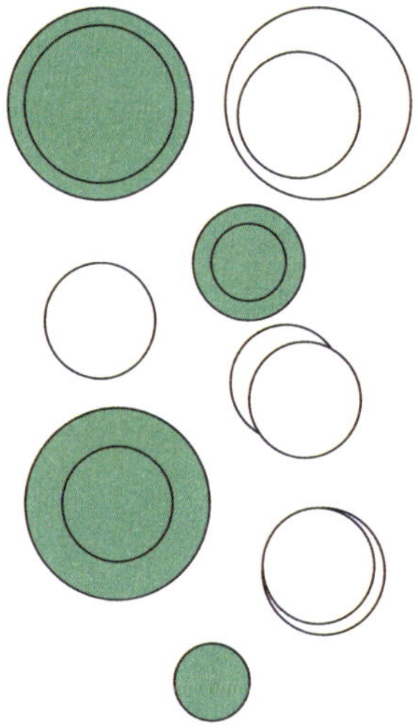

CRIAR UMA PAREDE PARA DESENHO

A criança agora está passando da fase de pintura a dedo para a fase do rabisco. Aqui, é apropriado oferecer à criança os primeiros instrumentos de escrita, como lápis de cor ou giz de cera grossos, que são fáceis de segurar. Pode-se organizar uma área para pintura onde a criança poderá se expressar artisticamente. Fixe rolos de papel à parede e permita que a criança pinte neles. No entanto, é importante explicar que a atividade de pintura deve ser realizada exclusivamente no papel.

A partir de que idade?
1 ano.
Tempo necessário:
15 minutos.
Preparo: fácil.
O que é promovido?
Criatividade.
Material: lápis e rolo de papel.

QUEBRA-CABEÇA DE FORMAS GEOMÉTRICAS

A partir de que idade?
15 meses.
Tempo necessário:
30 minutos.
Preparo: médio.
O que é promovido?
Habilidades motoras finas e reconhecimento das formas.
Material: caixa de papelão, tesoura, cola, pistola de cola quente e tampinhas plásticas.

Para a preparação, são necessários dois pedaços idênticos de uma caixa de papelão (de aproximadamente 30x30 centímetros). Corte várias formas geométricas de um dos pedaços (por exemplo, quadrado, triângulo, círculo, coração, estrela etc.). O segundo pedaço deve ser colado na parte de trás do primeiro, criando um verso para o quebra-cabeça. Tampinhas plásticas podem ser fixadas com uma pistola de cola quente para incorporar alças às formas. Ofereça à criança as peças do quebra-cabeça em uma cesta colocada em cima dele. Mostre como encaixar corretamente uma peça e incentive-a a fazer o mesmo.

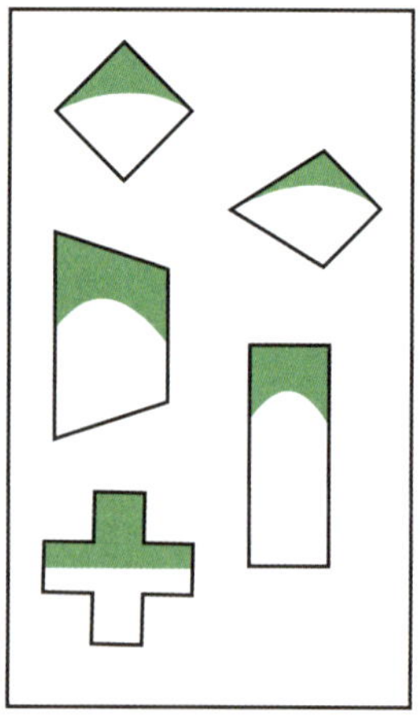

CASQUINHA DE SORVETE COM CÍRCULOS COLORIDOS

Desenhe uma casquinha de sorvete estilizada em uma folha de papel. Um triângulo marrom claro representa a casquinha, e círculos postos uns sobre os outros representam as bolas de sorvete. Depois de fazer isso, teremos uma casquinha de sorvete lisa com círculos vazios no topo. Desenhe várias dessas casquinhas com círculos em uma folha de papel. Recorte círculos, usando cartolina colorida. Os círculos devem ter o mesmo diâmetro que as bolas de sorvete desenhadas. Ofereça os círculos em uma cesta separada. Pegue um círculo e coloque-o sobre uma bola de sorvete correspondente. Peça à criança que faça o mesmo com os outros círculos também. O interior dos cones pode ser pintado para combinar com os círculos de cartolina colorida, se preferir.

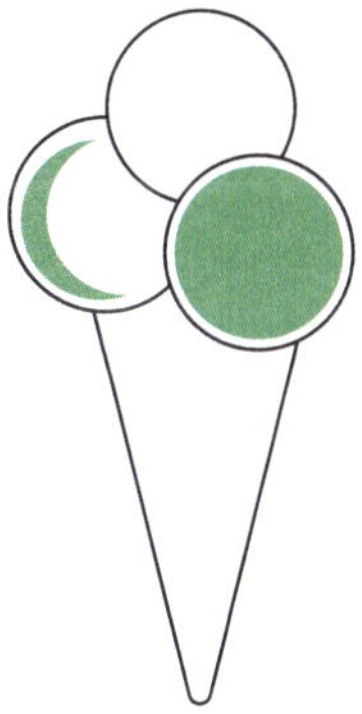

A partir de que idade?
15 meses.
Tempo necessário:
15 minutos.
Preparo: fácil.
O que é promovido?
Reconhecimento de cores.
Material: papel, lápis e tesoura.

A partir de que idade?
15 meses.
Tempo necessário:
10 minutos.
Preparo: fácil.
O que é promovido?
Distinção de cores.
Material: rolos de papel higiênico vazios, cola, cartolina colorida, recipiente e pompons.

POMPONS QUE ATRAVESSAM ROLOS DE PAPEL HIGIÊNICO

Reúna 4 ou 5 rolos de papel higiênico vazios. Cole papel colorido nos rolos e fixe-os lado a lado na parede, cerca de 10 centímetros acima do chão. Coloque um pequeno recipiente sob cada rolo para coletar os pompons e, em outra tigela, ofereça pompons nas cores correspondentes aos rolos. Pegue um pompom e ponha-o no rolo da mesma cor. Ele atravessará o rolo e cairá no recipiente abaixo. Incentive a criança a associar corretamente todos os pompons.

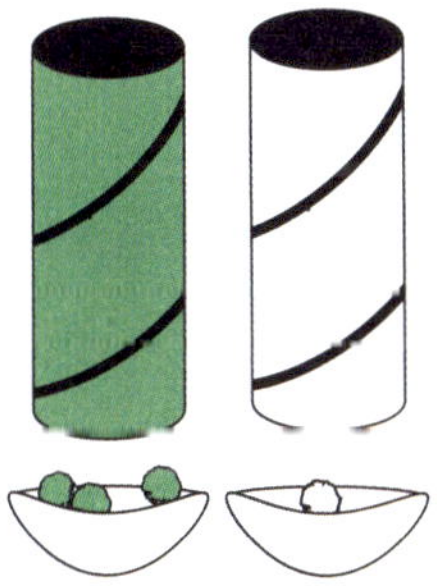

LINGUAGEM E AUDIÇÃO

CESTO DA LINGUAGEM

Coloque animais de brinquedo em um cesto pequeno e ofereça-os à criança para brincar. Durante a atividade, os animais podem ser nomeados pelo adulto, destacando-se o som que cada um faz. Recomenda-se utilizar animais que a criança já tenha encontrado em seu ambiente diário, pois ela terá uma imagem mentalmente armazenada e uma melhor familiaridade com eles.

A partir de que idade? 1 ano.
Tempo necessário: 5 minutos.
Preparo: fácil.
O que é promovido? Vocabulário.
Material: animais de brinquedo e cesto.

ALIMENTOS CORRESPONDENTES

A partir de que idade? 1 ano.
Tempo necessário: 5 minutos.
Preparo: fácil.
O que é promovido? Vocabulário.
Material: fotos plastificadas de frutas e legumes.

Imprima imagens de frutas e vegetais e plastifique-as. Coloque os cartões na mesa de jantar, junto com os alimentos correspondentes. A criança deve associar os alimentos à carta correta.

ANIMAIS ESCONDIDOS

Encha uma bandeja rasa com lentilhas secas, grão-de-bico ou arroz. Esconda alguns bonequinhos de animais nela. Mostre à criança como procurar os bichinhos e pergunte a ela se também consegue encontrar um. Por fim, pergunte qual animal foi encontrado ou diga o nome do animal caso a criança ainda não consiga falar a palavra.

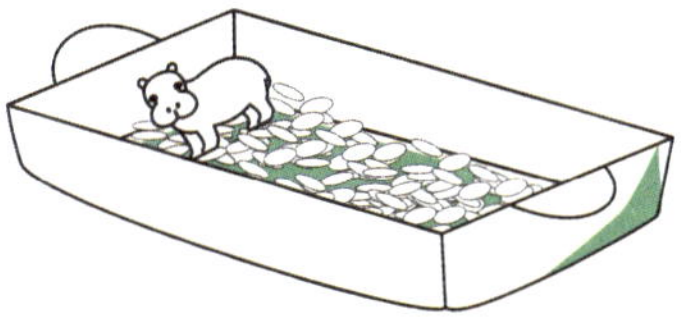

A partir de que idade?
1 ano.
Tempo necessário:
5 minutos.
Preparo: fácil.
O que é promovido?
Vocabulário.
Material: bacia, lentilhas ou similares e bonequinhos de animais.

A partir de que idade?
15 meses.
Tempo necessário:
5 minutos.
Preparo: fácil.
O que é promovido?
Vocabulário e autoconfiança.
Material: ingredientes para uma vitamina.

VITAMINA

Escolha uma receita de vitamina e coloque todos os ingredientes necessários sobre a mesa. Leia em voz alta um ingrediente de cada vez e peça à criança para mostrar onde está o alimento. Se necessário, descasquem os ingredientes juntos, e então a criança pode jogá-los no liquidificador. Nessa atividade da vida prática, a criança pode aprimorar seu vocabulário enquanto realiza a tarefa. É sempre recomendável observar cuidadosamente as crianças em ambientes com objetos pontiagudos e eletricidade.

A partir de que idade?
15 meses.
Tempo necessário:
5 minutos.
Preparo: fácil.
O que é promovido?
Reconhecimento de cores.
Material: lápis e papel.

CAÇA ÀS CORES

Desenhe um círculo grande em uma folha de papel e divida-o em 5 ou 6 cores de sua escolha. Aponte para uma cor e peça para a criança encontrar algo da mesma cor.
A criança deve tentar encontrar outros objetos nas cores mostradas, sozinha ou com o auxílio do adulto. Se isso não ocorrer imediatamente, pode-se oferecer ajuda, por exemplo, trazendo um bloco de montar e colocando-o na parte do círculo com a cor correspondente.

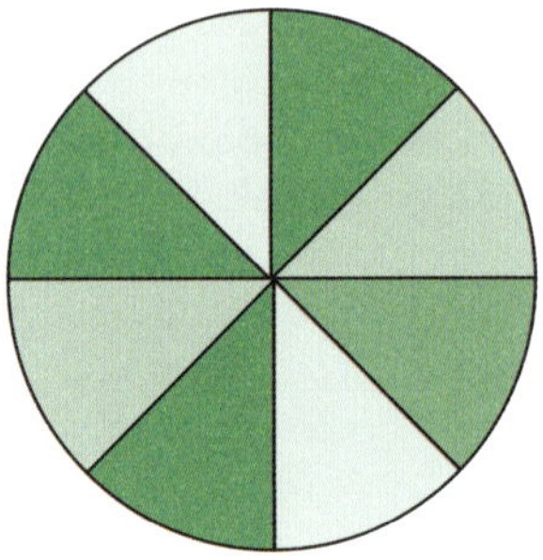

CANTAR

Naturalmente, não se deve começar a cantar para a criança somente após o primeiro ano de vida. Se a criança já é capaz de falar algumas palavras, é possível cantar músicas familiares para ela, pausando antes de palavras específicas e permitindo que ela as complete. Isso pode revelar a surpreendente habilidade da criança de completar os versos.

A partir de que idade?
15 meses.
O que é promovido?
Vocabulário.

TATO

SLIME NÃO TÓXICA

A partir de que idade?
1 ano.
Tempo necessário:
15 minutos.
Preparo: médio.
O que é promovido?
Tato e músculos das mãos.
Material: sementes de chia, água, corante alimentar, bacia, colher e concha.

Para fazer essa massa de brincar não tóxica, serão necessários:

- 25 g de sementes de chia
- 150 a 200 ml de água
- corantes alimentares

Misture as sementes de chia com a água e o corante alimentar. Como leva algumas horas para as sementes absorverem completamente o líquido, é uma boa ideia colocá-las cobertas na geladeira durante a noite. No dia seguinte, terá se formado uma massa pegajosa. Trabalhe a massa (com uma colher ou com as mãos) até atingir a consistência desejada e o *slime* não mais causar manchas. Para a criança brincar, entregue o *slime* a ela em uma bacia de atividades com alguns utensílios, como colher, garto, funil ou concha.

FAZER A PRÓPRIA NEVE

É possível criar neve em casa durante o verão ou nos invernos sem neve do hemisfério sul. Para isso, basta misturar maisena e óleo para bebê na proporção de 8:1 (8 xícaras de maisena para 1 xícara de óleo para bebê), com a opção de adicionar um pouco de glitter. O resultado será uma mistura que produz um agradável crepitar. Despeje a "neve" em uma bacia rasa ou assadeira e ofereça recipientes ou brinquedos para a criança brincar conforme desejar. Se algo cair no chão, a limpeza pode ser facilmente realizada com o aspirador de pó.

A partir de que idade?
1 ano.
Tempo necessário:
5 minutos.
Preparo: fácil.
O que é promovido?
Tato e habilidades motoras finas.
Material: maisena, óleo de bebê, bacia, recipientes e brinquedos.

A partir de que idade?
1 ano.
Tempo necessário:
5 minutos.
Preparo: fácil.
O que é promovido?
Tato e pintura com pincéis.
Material: recipientes para congelar água, água e aquarelas.

PINTURA NO GELO

Encha um recipiente grande com 5 centímetros de água e coloque-o no congelador durante a noite. No dia seguinte, pinte o bloco de gelo junto com a criança usando aquarelas. Este exercício é especialmente adequado para os dias quentes de verão.

ESPUMA DE BRINCAR

Para fazer essa espuma de brincar, misture os seguintes ingredientes no liquidificador:

- 100 ml de água
- 2 colheres (de sopa) de detergente
- 1 colher (de sopa) de farinha fina
- algumas gotas de corante alimentício (opcional)

A espuma pode ser oferecida em uma banheira e, caso queira, adicione bonequinhos. É importante observar que, após algum tempo, a espuma tende a se desfazer, então evite preparar a espuma com muita antecedência. Devido ao detergente incluído nesta receita, as crianças não devem consumir a espuma.

A partir de que idade?
1 ano.
Tempo necessário:
5 minutos.
Preparo: fácil.
O que é promovido?
Tato.
Material: água, detergente, farinha, corante alimentar (opcional), bacia e bonequinhos.

ARGILA

A partir de que idade?
1 ano.
Tempo necessário:
5 minutos.
Preparo: fácil.
O que é promovido?
Criatividade e músculos das mãos.
Material: farinha, sal, ácido cítrico, água, óleo de cozinha, corante alimentar e cortadores de biscoitos.

Bata os seguintes ingredientes no liquidificador:

- 400 g de farinha
- 200 g de sal
- 2 colheres de sopa de ácido cítrico
- 500 ml de água fervente
- 3 colheres de sopa de óleo de cozinha
- corante alimentar

Ofereça à criança a argila de modelar com alguns cortadores de biscoitos e, em seguida, brinquem com as formas.

TREINAMENTO COGNITIVO

QUEBRA-CABEÇAS

Nesta fase, ofereça à criança quebra-cabeças com várias peças. Os mais adequados são os quebra-cabeças de madeira com 5 peças.

A partir de que idade?
1 ano.
O que é promovido?
Reconhecimento das formas, raciocínio lógico e concentração.

A partir de que idade?
1 ano.
O que é promovido?
Concentração, atenção, habilidades motoras finas e aquisição de linguagem

LIVROS COM ABAS

Ofereça à criança livros com abas que ela possa abrir. Assim, ela será capaz de explorar um livro de forma independente.

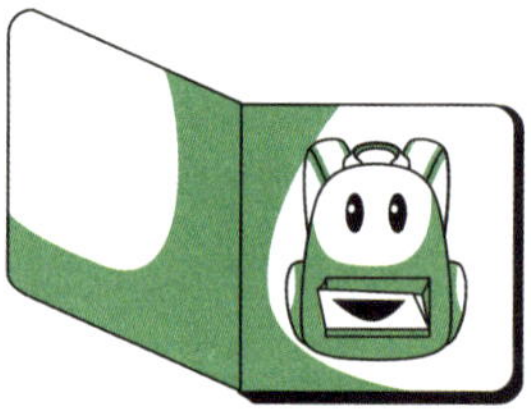

BONECAS RUSSAS (MATRIOSCAS)

A correta montagem das bonecas russas requer a habilidade de avaliar precisamente os tamanhos de cada uma delas. Demonstre à criança como desmontar e remontar as bonecas. Em seguida, desmonte-as novamente e peça que ela as coloque uma dentro da outra. Dependendo da boneca utilizada, e dado o possível desafio motor dessa atividade, talvez seja necessário oferecer ajuda à criança durante a montagem.

A partir de que idade?
15 meses.

O que é promovido?
Compreensão dos tamanhos e raciocínio lógico.

AS TAMPAS CERTAS

A partir de que idade?
15 meses.

Tempo necessário:
5 minutos.

Preparo: fácil.

O que é promovido?
Percepçao das diferentes formas, atençáo.

Material: recipiente com tampa e bandeja.

Reúna diversos recipientes diferentes.
Por exemplo, recipientes plásticos para congelamento e potes de vidro com tampa de rosca. Coloque as tampas separadamente em uma bandeja e peça para a criança associar as tampas corretas aos recipientes.

GRANDE OU PEQUENO?

Corte dois círculos de cartolina colorida, um muito grande e outro muito pequeno. Cole os dois em uma folha de papel. Agora, corte mais círculos, alternando entre grandes e pequenos. Coloque-os em um recipiente separado e ponha tudo em uma bandeja. Pegue um dos círculos e coloque-o ao lado de um dos círculos colados, o grande ou o pequeno. Fale sobre o que está fazendo e diga se o círculo é grande ou pequeno. Pegue outro círculo e então questione a criança sobre o seu tamanho e onde ele deve ser colocado. Com o tempo, a criança fará essa atividade de forma independente.

A partir de que idade?
15 meses ou mais.

Tempo necessário:
10 minutos.

Preparo: fácil.

O que é promovido?
Compreensão dos tamanhos.

Material: tesoura, cartolina colorida, bandeja e recipiente.

ATIVIDADES DA VIDA PRÁTICA

ZÍPER

A partir de que idade?
1 ano.
Tempo necessário:
5 minutos.
Preparo: fácil.
O que é promovido?
Habilidades motoras finas, abertura de fechos, autonomia e concentração.
Material: estojo de lápis e qualquer outro objeto que caiba em seu interior.

Nessa idade, o interesse das crianças por fechos pode ser estimulado com o oferecimento de um estojo de lápis com algo em seu interior. Dessa forma, elas aprenderão a abrir e a fechar zíperes de forma lúdica.

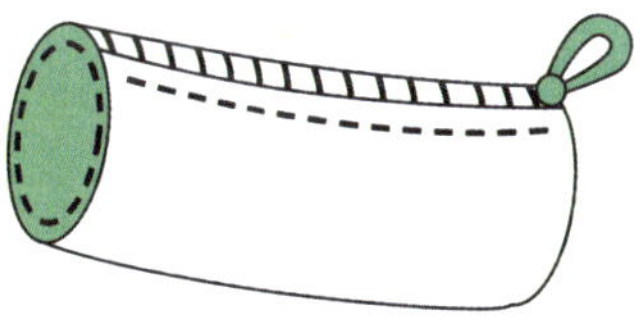

DESCASCAR FRUTAS

Inclua a criança nas atividades da cozinha. Descasque frutas com ela. Comece com uma banana, deixando uma parte da casca removida para facilitar. Mais tarde, experimentem também descascar uma tangerina juntos.

A partir de que idade?
1 ano.
Tempo necessário:
5 minutos.
Preparo: fácil.
O que é promovido?
Habilidades motoras finas, preensão de pinça, autonomia e atenção.
Material: banana ou tangerina.

ESCOLHER AS ROUPAS

A partir de que idade?
1 ano.
Tempo necessário:
5 minutos.
Preparo: fácil.
O que é promovido?
Autonomia.

Na noite anterior, separe dois conjuntos de roupas para a criança, dos quais ela poderá escolher um na manhã seguinte. Uma seleção maior poderá sobrecarregar a criança.

DESPEJAR LÍQUIDOS

Nesta fase, a criança já pode praticar a habilidade de despejar líquidos. Comece com um copo de diâmetro grande e use uma jarra pequena, para evitar que fique muito pesada quando estiver cheia.

A partir de que idade?
1 ano.
Tempo necessário:
5 minutos.
Preparo: fácil.
O que é promovido?
Habilidades motoras finas, atenção, concentração e autonomia.
Material: copo grande e jarra pequena.

JARDINAGEM

A partir de que idade?
1 ano.
Tempo necessário:
5 minutos.
Preparo: fácil.
O que é promovido?
Autonomia, habilidades motoras grossas e compreensão dos processos de crescimento na natureza.

Permitir que as crianças ajudem no jardim envolve atividades como cavar a terra, plantar, colher tomates, regar as plantas com um pequeno regador infantil etc.

TIRAR AS MEIAS

Passo a passo, pode-se ensinar a criança a se vestir e se despir de forma independente. As meias são adequadas como primeiro passo. Inicialmente, pode-se auxiliar a criança a tirar as meias, puxando-as pela parte de trás do calcanhar. Mesmo as crianças pequenas, após o primeiro aniversário, experimentarão um sentimento de realização ao executar esta atividade.

A partir de que idade?
1 ano.

O que é promovido?
Habilidades motoras finas e autonomia.

DEZOITO MESES A DOIS ANOS

Desenvolvimento motor: nesta fase, a criança alcança a capacidade de realizar, de forma independente, atividades motoras como andar, correr, pular e arremessar ou chutar uma bola. Além disso, começa a aprender a subir escadas segurando no corrimão. Também consegue construir torres estáveis e se despir com ajuda.

Ela demonstra um forte desejo por movimento, por isso é recomendado sair bastante em passeios ao ar livre e visitas a parquinhos.

Desenvolvimento da linguagem: a criança entende palavras e frases simples, e pode seguir instruções de duas partes. Por exemplo: "Por favor, vá até sala e pegue sua boneca". Muitas delas, por volta dos 2 anos, conseguem expressar cerca de 50 palavras e formar frases de duas palavras. Conseguem ainda responder a perguntas e nomear diferentes partes do corpo.

É aconselhável, nesta fase, evitar o uso de linguagem infantilizada e proporcionar diversas oportunidades para a expressão verbal, repetindo as palavras novas em vários contextos, sem, no entanto, forçar a criança a repeti-las.

Desenvolvimento cognitivo e relacional: a criança imita outras pessoas e simula atividades cotidianas. Ela pode facilmente identificar objetos familiares e resolver quebra-cabeças simples. Reconhece a própria imagem no espelho e utiliza seu próprio nome para se referir a si mesma. Nesta fase, a criança oscila entre comportamentos de apego, buscando proximidade com os pais, e comportamentos exploratórios, expressando o desejo de investigar o ambiente e agir de forma independente.

Inclua a criança em diversas atividades cotidianas. E ofereça quebra-cabeças simples.

COORDENAÇÃO OLHO-MÃO

PESCAR BOLINHAS DE MADEIRA COM UMA TESOURA BOLA

Despeje água em uma bacia rasa e coloque dentro dela bolinhas de madeira, bolinhas de gude ou pompons. Ofereça à criança uma tesoura bola e uma tigela vazia. Mostre à criança como pescar uma bolinha com o pegador e, em seguida, coloque-a na tigela. Ofereça à criança a oportunidade de continuar brincando.

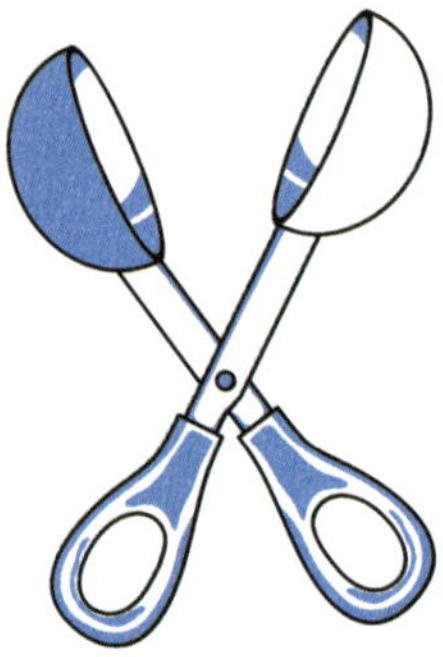

A partir de que idade? 18 meses.
Tempo necessário: 5 minutos.
Preparo: fácil.
O que é promovido? Movimento de tesoura e coordenação olho-mão.
Material: bacia, bolinhas, tigela e tesoura bola.

CORTAR OS CABELOS DO ROLO DE PAPEL HIGIÊNICO

A partir de que idade?
18 meses.
Tempo necessário:
15 minutos.
Preparo: fácil.
O que é promovido?
Movimento de tesoura.
Material: rolo de papel higiênico, caneta, adesivos de olhos móveis, papel colorido, cola e tesoura.

Pinte olhos em um rolo de papel higiênico vazio. Olhos móveis oferecem uma aparência engraçada. Recorte tiras de papel colorido com cerca de 6 centímetros de comprimento. As tiras devem ter entre 5 e 10 milímetros de largura. Cole as tiras no topo interno do rolo de papel higiênico para fazer os cabelos. Agora corte os cabelos do rolo de papel higiênico junto com a criança.

PASSA FIO

Faça um nó duplo ou triplo em um cadarço que tenha as suas extremidades reforçadas. Coloque o cadarço e um recipiente com objetos que possam ser atravessados por ele em uma bandeja. Para isso, são adequadas contas de madeira, massas cruas com um buraco no centro (como o rigatoni) ou cereais em forma de anel. Este último pode servir de lanchinho depois da brincadeira.

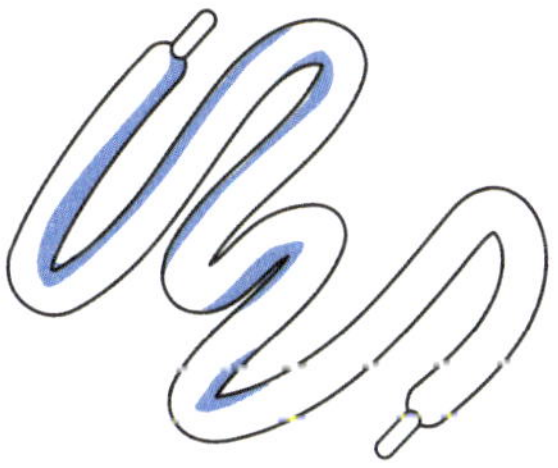

A partir de que idade?
18 meses.
Tempo necessário:
5 minutos.
Preparo: fácil.
O que é promovido?
Habilidades motoras olho-mão e preensão de pinça.
Material: cadarços, bandeja e recipiente com contas de madeira ou macarrão.

A partir de que idade?
18 meses.
Tempo necessário:
5 minutos.
Preparo: fácil.
O que é promovido?
Habilidades motoras finas.
Material: argila de modelagem e bastões de madeira ou fósforos.

OURIÇO DE ARGILA MODELADORA

Faça uma grande bola de argila e modele o focinho e os olhos. Isso será o seu ouriço. Ofereça à criança pequenos palitos de madeira, fósforos ou palitos de dente com as pontas removidas para serem postos na argila do ouriço até que ele tenha vários espinhos.

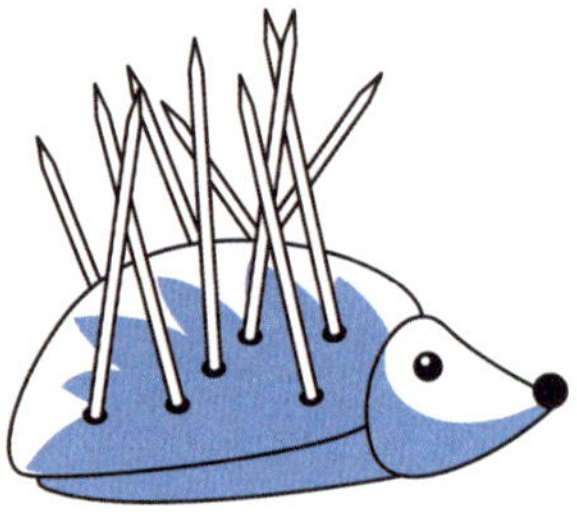

PORCAS E PARAFUSOS GRANDES

Coloque parafusos grandes com as porcas correspondentes em uma bandeja. Mostre à criança como colocar as porcas nos parafusos e deixe que ela continue a realizar o exercício.

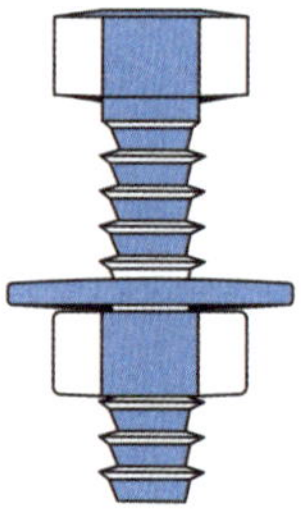

A partir de que idade?
18 meses.
Tempo necessário:
5 minutos.
Preparo: fácil.
O que é promovido?
Habilidades motoras finas e movimentos de giro com os dedos.
Material: parafusos, porcas e bandeja.

FORMAS E CORES

A partir de que idade?
18 meses.
Tempo necessário:
10 minutos.
Preparo: fácil.
O que é promovido?
Percepção de tamanho e concentração.
Material: tampas, papel e caneta.

ORDENAÇÃO DE TAMPAS POR TAMANHO

Recolha de 5 a 7 tampas de rosca de tamanhos diferentes. Desenhe o contorno das tampas em uma folha de papel. Apresente à criança a folha juntamente com as tampas em uma bandeja e peça para ela associar as tampas aos seus contornos. Demonstre isso com uma das tampas, e a criança deverá completar o restante de forma independente.

ADESIVOS COLORIDOS

Desenhe 4 ou 5 balões em cores diferentes em uma folha de papel e, em uma bandeja, ofereça à criança junto com adesivos das mesmas cores. Peça à criança para colar os adesivos nos balões de mesma cor.

A partir de que idade?
18 meses.
Tempo necessário:
10 minutos.
Preparo: fácil.
O que é promovido?
Percepção de cores, habilidades motoras finas e classificação
Material: papel, caneta, adesivos e bandeja.

MISTURA DE CORES

A partir de que idade?
18 meses.
Tempo necessário:
10 minutos.
Preparo: fácil.
O que é promovido?
Percepção de cores e reconhecimento de cores misturadas.
Material: saco com fecho (tipo *ziplock*) e tinta acrílica.

Para este exercício, serão necessários três sacos com fecho tipo *ziplock*. Coloque duas cores de tinta acrílica em cada saco (aproximadamente uma colher das de sopa de cada cor). As combinações sugeridas são amarelo/vermelho, azul/amarelo e vermelho/azul. Certifique-se de que as manchas de cores não se toquem dentro dos sacos. Feche os sacos e fixe-os em uma janela. Agora, a criança pode misturar as cores à vontade, pressionando os sacos com as mãos. Isso criará diferentes cores, produzidas a partir da mistura das cores primárias contidas nos sacos.

GOTEJAMENTO COM CONTA-GOTAS

Encha pequenos copos com água e adicione algumas gotas de corante alimentar em cada copo, de modo que cada copo tenha uma cor diferente. Entregue à criança porções de algodão e conta-gotas, e mostre como usar o conta-gotas para pingar água no algodão. A criança certamente ficará encantada com essa atividade.

A partir de que idade?
18 meses.
Tempo necessário:
5 minutos.
Preparo: fácil.
O que é promovido?
Percepção de cores, habilidades motoras finas e concentração.
Material: copos, água, corante alimentício, porções de algodão e conta-gotas.

ORDENAR TAMPAS POR CORES

A partir de que idade?
18 meses.
Tempo necessário:
10 minutos.
Preparo: fácil.
O que é promovido?
Percepção de cores e classificação de coisas.
Material: caixa de ovos, cores, cesto e tampinhas plásticas (ou pompons).

Pinte os compartimentos de uma caixa de ovos vazia com cores diferentes. Coloque em uma bandeja a caixa e uma cesta contendo as tampinhas (ou os pompons) que correspondam às cores pintadas. Peça à criança para colocar as tampinhas nos compartimentos correspondentes. Caso seja necessário, demonstre a ela como realizar a atividade e deixe que ela faça o restante.

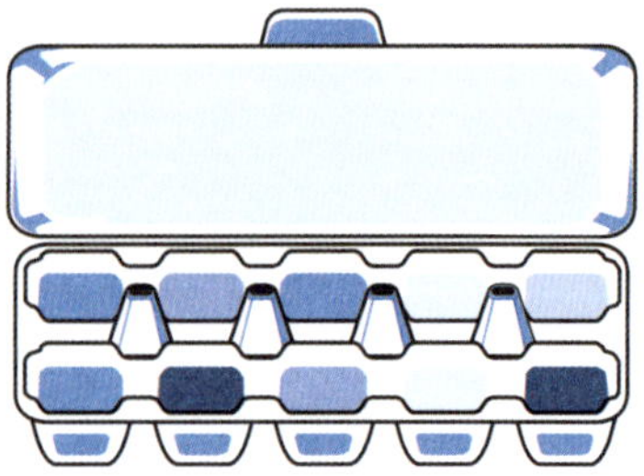

LINGUAGEM E AUDIÇÃO

CARTÕES DE EMOÇÕES

Pesquise na internet por imagens de crianças experimentando emoções intensas (alegria, raiva, tristeza etc.). Imprima, plastifique e arredonde os cantos das imagens. Como alternativa, é possível adquirir cartões de emoções ou modelos prontos em lojas *on-line*. Use os cartões para questionar a criança sobre quais sentimentos ela percebe nas imagens. Sempre que ela experimentar sentimentos fortes, como raiva ou tristeza, converse com ela sobre seu estado emocional.

A partir de que idade?
18 meses

Tempo necessário:
20 minutos.

Preparo: médio.

O que é promovido?
Vocabulário e expressão das emoções.

Material: imagens impressas e plastificadas.

ENCONTRAR O BONEQUINHO CERTO

A partir de que idade?
18 meses.

Tempo necessário:
20 minutos.

Preparo: médio.

O que é promovido?
Vocabulário e concentração.

Material: bonecos de animais, cobertor e cesto.

Escolha 6 a 9 bonequinhos de animais ou carrinhos da criança e encontre uma imagem correspondente para cada um. Imprima as imagens separadamente e plastifique-as. Coloque-as em uma pequena manta (que delimitará a área de trabalho da criança) e nomeie as figuras representadas. Então ofereça à criança uma pequena cesta com os animais correspondentes e mostre a ela como combinar os objetos tridimensionais com as imagens bidimensionais. A tarefa pode ser mais desafiadora se as cartas também mostrarem o ambiente dos animais, como desertos ou árvores.

CAÇA OBJETOS NA NATUREZA

Durante um passeio com a criança, procure por materiais naturais típicos da estação, como castanhas, musgo, sementes, pedras, um riacho ou rio, etc. Fotografe esses elementos secretamente ou procure imagens deles na internet. Imprima as fotos ou imagens, organize-as em uma página e plastifique. Em uma missão de exploração na natureza com a criança, procurem por todos os itens das fotos. Dê nomes aos objetos e marque aqueles encontrados, ou colete-os e associe-os às imagens em casa.

A partir de que idade?
18 meses.
Tempo necessário:
20 minutos.
Preparo: médio.
O que é promovido?
Vocabulário e atenção.
Material: imagens impressas e plastificadas.

CAÇA OBJETOS EM CASA

A partir de que idade?
18 meses.
Tempo necessário:
20 minutos.
Preparo: médio.
O que é promovido?
Vocabulário.
Material: fotografias impressas.

Fotografe objetos típicos em sua casa (como os brinquedos favoritos da criança, seus sapatos ou roupas, seu prato etc.). Todos os objetos devem estar visíveis e acessíveis. Imprima as fotos e mostre-as uma por uma para a criança. Pergunte o que ela vê na foto e peça para buscar o objeto correspondente. A criança tentará nomear o maior número possível de objetos.

ESTAÇÃO METEOROLÓGICA

Desenhe uma moldura em um dos lados de uma caixa para fazer uma estação meteorológica. Desenhe símbolos meteorológicos em um papel (sol, nuvem, chuva, vento, neve, arco-íris), corte-os em formato de círculo e plastifique os cartões. Fixe os cartões na parte inferior com velcro, garantindo que eles se prendam à estação meteorológica. Todas as manhãs, verifique o tempo junto com a criança e coloque o cartão correspondente na estação meteorológica.

A partir de que idade?
18 meses.
Tempo necessário:
20 minutos.
Preparo: médio.
O que é promovido?
Vocabulário e percepção de estímulos ambientais.
Material: canetas, caixa de papelão e adesivos circulares de velcro.

TATO

ARROZ COLORIDO

A partir de que idade?
18 meses.
Tempo necessário:
10 minutos.
Preparo: fácil.
O que é promovido?
Tato e percepção das cores.
Material: arroz, saco plástico para congelador, corante alimentar e bacia.

Coloque arroz cru no saco plástico e adicione algumas gotas de corante alimentar. Feche o saco e misture bem para que o arroz fique uniformemente colorido. Deixe o arroz secar durante a noite ou coloque-o no forno a 50 graus por 10 minutos. Ofereça o arroz em diferentes cores para a criança em uma bacia rasa para que ela possa brincar.

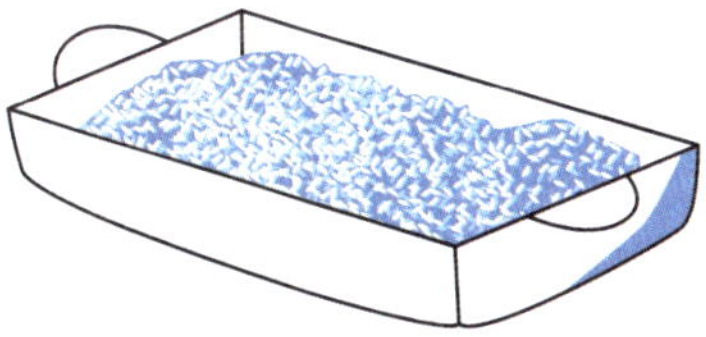

ÁGUA E ÓLEO

Coloque água colorida com corante alimentar em um saco tipo *ziplock*. Adicione algumas gotas de óleo, feche bem o saco e ofereça-o à criança para brincar. Ao pressionar o saco, ela fará o óleo se movimentar.

A partir de que idade?
18 meses.
Tempo necessário:
5 minutos.
Preparo: fácil.
O que é promovido?
Tato e percepção das cores.
Material: corante alimentar, água, saco tipo *ziplock* e óleo.

PEQUENOS VULCÕES DE BICARBONATO DE SÓDIO

A partir de que idade?
18 meses.
Tempo necessário:
10 minutos.
Preparo: fácil.
O que é promovido?
Sensação de experimentação.
Material: bicarbonato de sódio, bacia, copos, corante alimentar, água e vinagre.

Coloque uma camada fina de bicarbonato de sódio em uma bacia rasa. Prepare alguns jarros: adicione algumas gotas de corante alimentar em cada jarro e encha-os com um terço de água e dois terços de vinagre. Ofereça os jarros coloridos para a criança e deixe-a pingar algumas gotas sobre o conteúdo da bacia. O bicarbonato de sódio ficará colorido, efervescente e borbulhante.

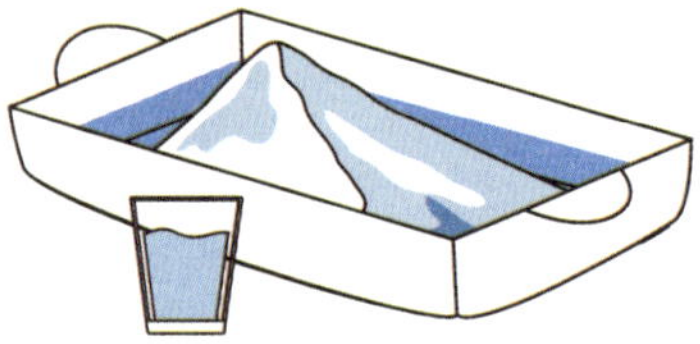

AREIA CINÉTICA

Misture a farinha e o óleo na proporção de 8:1 (8 xícaras de farinha de trigo para 1 xícara de óleo). Adicione glitter ou corante alimentar, se desejar, e misture bem. Apresente a areia cinética à criança em uma bacia rasa para que ela possa amassar e brincar.

A partir de que idade?
18 meses.
Tempo necessário:
10 minutos.
Preparo: fácil.
O que é promovido?
Tato e músculos das mãos.
Material: farinha, óleo e corante alimentar.

ESTAMPAS DE FOLHAS

A partir de que idade?
18 meses.
Tempo necessário:
5 minutos.
Preparo: fácil.
O que é promovido?
Tato e habilidades motoras finas.
Material: folhas, tinta e papel.

Colete folhas durante um passeio com a criança. Deixe-as secar em casa. Pinte uma das faces com tinta e pressione-a sobre o papel. Faça impressões das folhas junto com a criança e compare umas com as outras.

TREINAMENTO COGNITIVO

PEGADAS DE ANIMAIS NA MASSA

Abra uma massa salgada ou a argila com um rolo de abrir massa. Recorte alguns círculos na massa com o auxíliio de um copo. Pegue os bonequinhos de animais da criança e, com cada um, faça algumas pegadas em uns círculos. Repita a operação com os outros bonecos. Espere a massa endurecer e ofereça à criança os círculos e os bonecos em uma bandeja. Peça para ela combinar as pegadas com os bonecos de animais correspondentes.

Receita para a massa salgada: Misture duas xícaras de farinha com uma xícara de água e uma xícara de sal. Amasse a mistura. Se grudar nas mãos, adicione um pouco mais de farinha até despregar com facilidade.

A partir de que idade?
18 meses.
Tempo necessário:
15 minutos.
Preparo: médio.
O que é promovido?
Reconhecimento de padrões, atenção e concentração.
Material: farinha, água, sal, copos, rolo de abrir massa, copo, bonequinhos e bandeja.

A partir de que idade?
18 meses.
Tempo necessário:
10 minutos.
Preparo: fácil.
O que é promovido?
Concentração, atenção, reconhecimento de padrões e raciocínio lógico.
Material: contas de madeira, barbante, fotos e bandeja.

ALINHAVAR CONTAS DE ACORDO COM O MODELO FORNECIDO

Encontre algumas contas de cores diferentes e um cordão adequado para enfileirá-las (por exemplo, um cadarço). Crie diferentes padrões de enfileiramento e tire fotos deles. Imprima as fotos, plastifique-as e arredonde os cantos. Coloque as imagens junto com as contas e o cordão em uma bandeja e peça que a criança imite os padrões. Comece com apenas três contas de cores diferentes.

RESGATANDO BONEQUINHOS DE ANIMAIS

Enrole vários elásticos em torno das hastes individuais de um suporte de pratos. Coloque bonecos de animais ou carrinhos de brinquedo no emaranhado de elásticos e incentive a criança a libertar os bichinhos. Os brinquedos podem ser enroscados.

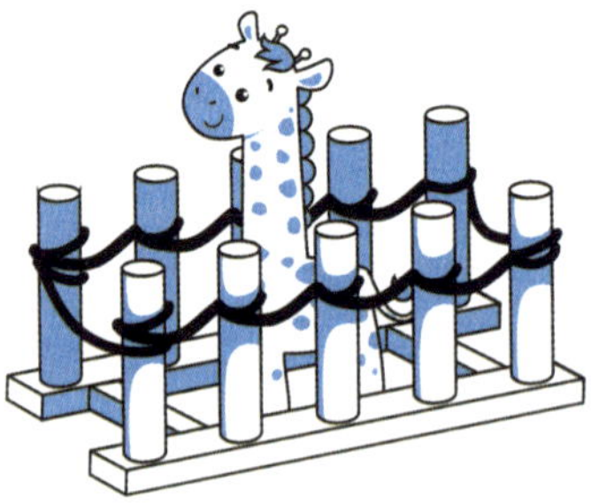

A partir de que idade?
18 meses.
Tempo necessário:
5 minutos.
Preparo: fácil.
O que é promovido?
Concentração, planejamento de ação e habilidades motoras finas.
Material: elásticos, suportes de pratos e bonecos de animais.

MONTAR PEÇAS DE LEGO SEGUNDO UM PADRÃO

A partir de que idade?
21 meses.
Tempo necessário:
20 minutos.
Preparo: médio.
O que é promovido?
Concentração, atenção e reconhecimento de padrões.
Material: Lego e bandeja.

Escolha dois a três blocos grandes de Lego e encaixe-os. Tire fotos das formas. Também é possível criar modelos no computador e colori-los, ou desenhá-los e pintá-los no papel. Plastifique os modelos e arredonde seus cantos. Em uma bandeja, apresente as instruções à criança junto com as peças necessárias. Peça a ela que copie os padrões. Quando a criança estiver mais velha, faça padrões mais difíceis.

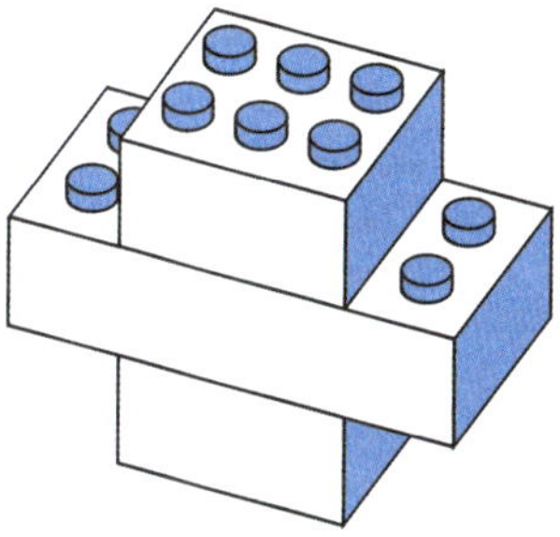

O QUE COMBINA?

Procure na internet por imagens de pares correspondentes, como calça/casaco, garfo/faca, animais macho/fêmea. Coloque todos os pares misturados em uma bandeja e peça para a criança encontrar os pares correspondentes. Caso seja necessário, demonstre como formar um par e ajude a criança se a tarefa ainda lhe parecer difícil.

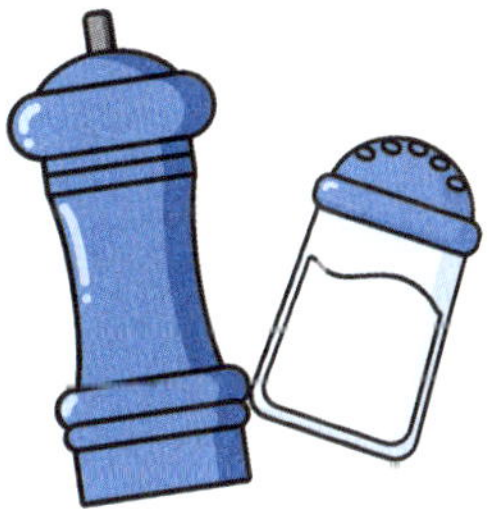

A partir de que idade?
21 meses.
Tempo necessário:
20 minutos.
Preparo: médio.
O que é promovido?
Pensamento abstrato, concentração e atenção.
Material: bandeja e fotos.

ATIVIDADES DA VIDA PRÁTICA

CORTE COM CORTADOR ONDULADO

A partir de que idade?
18 meses
Tempo necessário:
5 minutos.
Preparo: fácil.
O que é promovido?
Habilidades motoras finas e autoconfiança.
Material: cortador ondulado, frutas e vegetais.

Deixe que a criança utilize um cortador ondulado para picar frutas e legumes. As bananas são uma excelente escolha para essa atividade, pois possibilitam que a criança prepare um lanchinho de forma independente.

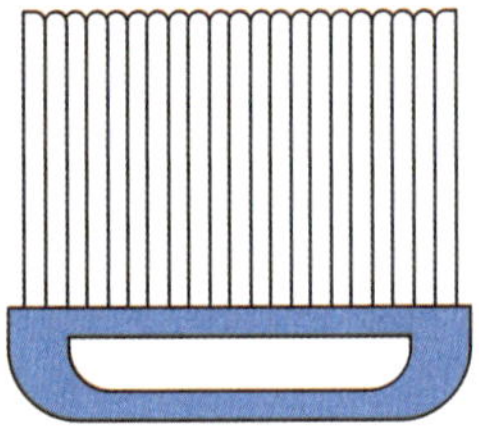

PLANTIO E REGA DE AGRIÃO

Cultive agrião junto com a criança e realizem regas regulares. O crescimento da planta será algo fascinante para ela.

A partir de que idade?
18 meses.
Tempo necessário:
5 minutos
Preparo: fácil.
O que é promovido?
Compreensão de processos naturais e cuidado com os outros.
Material: agrião.

BALANÇA

A partir de que idade?
18 meses.
Tempo necessário:
5 minutos.
Preparo: fácil.
O que é promovido?
Compreensão de peso.
Material: Balança analógica e diversos brinquedos.

Utilize uma balança analógica clássica com duas bandejas. Coloque vários brinquedos nas bandejas. Pese as duas bandejas separadamente para descobrir qual é mais pesada. Dessa forma, a criança poderá fazer experimentos em seu próprio ritmo.

ARRANJO DE FLORES

Colete flores e ervas com a criança no jardim ou durante um passeio. Ofereça a ela uma pequena jarra ou um copo para que possa organizar as flores por conta própria. Em seguida, coloque as flores na mesa de jantar compartilhada ou na mesa da criança.

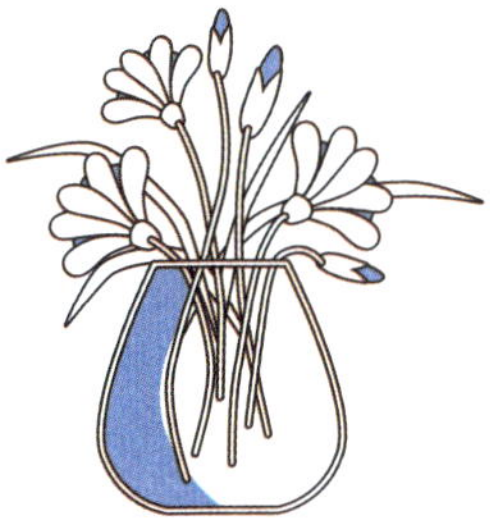

A partir de que idade?
18 meses.
Tempo necessário:
10 minutos.
Preparo: fácil.
O que é promovido?
Concentração e habilidades motoras finas.
Material: flores, ervas e jarra ou copo.

MESA DAS ESTAÇÕES DO ANO

A partir de que idade?
18 meses.
Tempo necessário:
15 minutos.
Preparo: médio.
O que é promovido?
Entendimento das estações.
Material: mesa de canto ou banqueta e materiais diversos.

Crie um pequeno espaço em sua casa que possa ser decorado de acordo com a estação do ano. Pode ser uma pequena prateleira na altura da criança, uma mesinha lateral ou um banquinho.
A imaginação não tem limites, podendo-se utilizar materiais naturais, lenços de seda coloridos e pequenos bonecos (como os feitos de feltro).

DOIS A TRÊS ANOS

Desenvolvimento motor: nesta fase, a criança atinge marcos importantes, como andar, correr, pular e subir escadas com segurança. Consegue andar nas pontas dos pés, correr em direção a um ponto determinado e parar na hora certa, chutar, arremessar e, possivelmente, pegar uma bola. Além disso, ela está aprendendo a pedalar, puxar os brinquedos e carregar objetos mais pesados.

A criança também é capaz de desenhar um círculo, manipular tampas de frascos, girar botões e operar interruptores.

Desenvolvimento da linguagem: ocorre uma explosão de vocabulário, e a criança aprende novas palavras diariamente. Suas frases se tornam mais complexas, e a pronúncia melhora, sendo compreendida até mesmo por estranhos. A criança começa a fazer perguntas. A gramática já está correta em muitos pontos (por exemplo, "eu vou", "ele vai"), mas ainda podem ocorrer erros, especialmente na formação de plurais ou de tempos verbais passados. Por volta dos 2 anos, a criança não se refere mais a si mesma pelo próprio nome, já utiliza o pronome "eu". Aos 3 anos, ela consegue contar brevemente sobre suas experiências e as enriquece com palavras adicionais, como adjetivos.

Desenvolvimento cognitivo e relacional: a criança começa a desenvolver uma percepção mais clara de si mesma como uma personalidade única. Ela tem consciência do seu gênero, da cor dos seus cabelos e do ambiente ao seu redor. A criança demonstra empatia e compaixão. No terceiro ano de vida, inicia-se a fase mágica, ou seja, ela começa a acreditar em seres fantásticos. Além disso, a criança acredita que suas palavras, seus pensamentos e suas ações podem causar ou evitar acontecimentos. Muitas crianças dessa idade apresentam medo da separação, ao qual os pais devem responder com sensibilidade. A fase da autonomia, marcada por frequentes acessos de raiva (birras) e pelo anseio por independência, representa um desafio para toda a família. Porém é possível vivenciá-la com mais conforto por meio da participação ativa e diária.

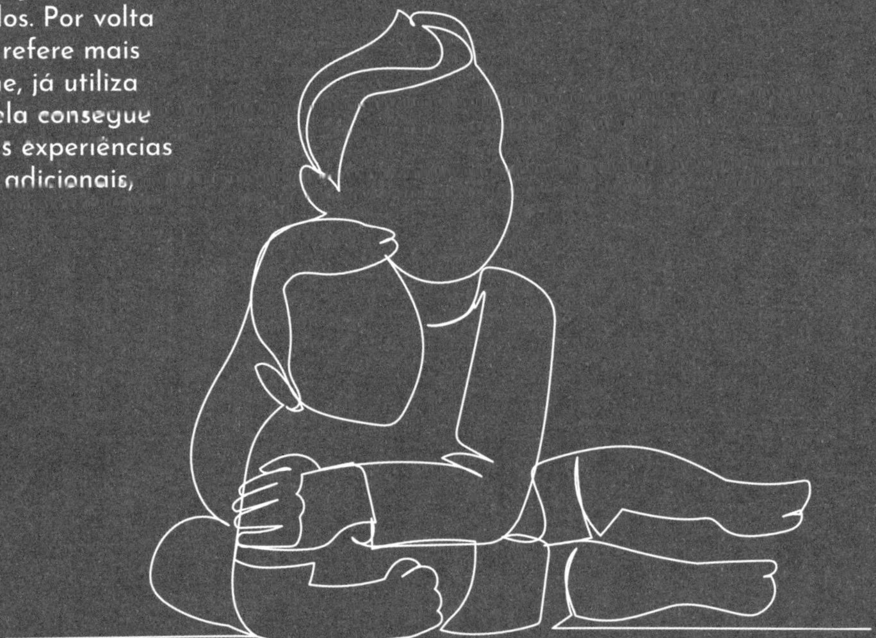

COORDENAÇÃO OLHO-MÃO

TRACEJADO COM COTONETES

Além da pintura convencional, pode-se oferecer às crianças uma atividade com materiais completamente diferentes. Se possível, tente esboçar uma imagem simples com lápis e, em seguida, traceje a figura com uma caneta hidrográfica de ponta fina. Os traços não devem ficar muito distantes uns dos outros. Claro que a imagem também pode ser impressa e depois tracejada.

As imagens tracejadas podem ser apresentadas para a criança juntamente com tinta e cotonetes. A criança pode, então, seguir o tracejado com o cotonete. Essa atividade é especialmente adequada como uma brincadeira sazonal, pois os motivos podem ser facilmente adaptados à estação do ano (por exemplo, um floco de neve no inverno ou um picolé no verão).

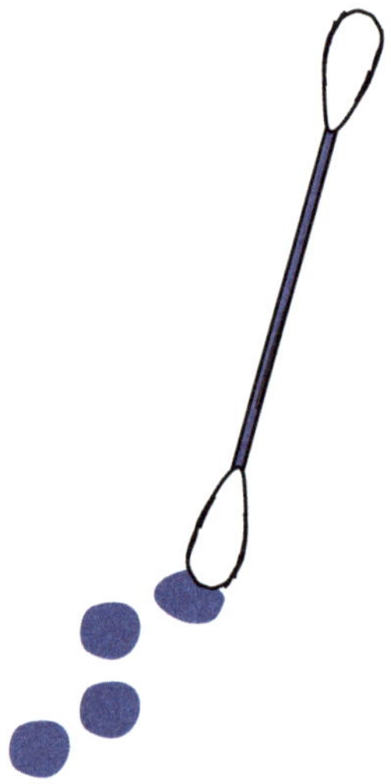

A partir de que idade?
2 anos.
Tempo necessário:
15 minutos.
Preparo: fácil.
O que é promovido?
Habilidades motoras finas, posição correta da caneta e concentração.
Material: lápis, papel, caneta hidrográfica, tinta e cotonetes.

A partir de que idade?
2 anos.
Tempo necessário:
10 minutos.
Preparo: fácil.
O que é promovido?
Habilidades motoras finas, concentração e resistência.
Material: cola, papel e caneta.

RETALHOS DE PAPEL AO LONGO DE UMA LINHA

Crianças pequenas geralmente gostam de fazer artesanato com cola. Desenhe uma linha em uma folha de papel. Em seguida, a criança poderá colar pedaços de papel ao longo dessa linha. Para variar a complexidade da tarefa, pode-se optar por linhas sinuosas ou por uma espiral em vez de uma linha reta. Entregue à criança retalhos de papel já preparados (de outras atividades artesanais), ou peça para ela cortá-los ou rasgá-los em pedaços menores.

BOLINHAS DE GUDE SOBRE BLOCOS DE LEGO

As bolinhas de gude e os blocos de Lego Duplo podem ser usados para um bom exercício de coordenação motora fina. Entregue à criança um bloco de montar grande (por exemplo, com duas colunas de quatro pinos) e bolinhas de gude em uma bandeja de atividades. O número de bolinhas de gude deve corresponder ao de pinos (por exemplo, oito bolinhas de gude para oito pinos). Coloque uma bolinha de gude sobre um pino para mostrar qual atividade é possível. Observe que não é tão fácil colocar todas as bolinhas de gude no bloco de Lego sem derrubar as outras. Mesmo que a criança já domine a preensão de pinça há algum tempo, ainda assim essa atividade pode se mostrar desafiadora. Para variar a atividade, ofereça blocos de montar em cores distintas juntamente com bolinhas de gude com cores correspondentes. Isso cria, ao mesmo tempo, um pequeno exercício de classificação por cor.

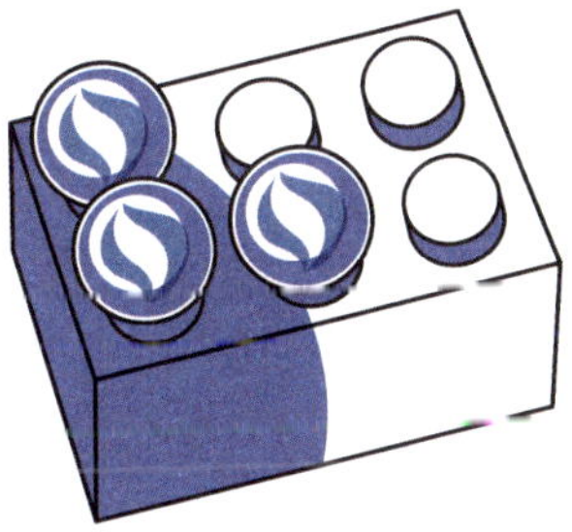

A partir de que idade?
2 anos.
Tempo necessário:
5 minutos.
Preparo: fácil.
O que é promovido?
Habilidades motoras finas, preensão de pinça e concentração.
Material: bolinha de gude, Lego Duplo e bandeja.

CORTAR NA LINHA

A partir de que idade?
2 anos.
Tempo necessário:
5 minutos.
Preparo: fácil.
O que é promovido?
Destreza, habilidades motoras finas e atenção.
Material: tesoura infantil, papel e caneta.

Com 2 anos, a maioria das crianças usa tesouras para cortar papel com grande entusiasmo. Existem tesouras específicas para crianças que são fáceis de usar e cortam apenas papel. Essas tesouras infantis podem ser entregues a elas sem preocupações com cabelos, roupas ou tecidos domésticos.

Depois de ter entendido o conceito de corte, pode-se auxiliar a criança a aprimorar essa habilidade. Uma folha de papel (que não seja cartolina) pode ser cortada em tiras de aproximadamente 2 centímetros de largura por 15 centímetros de comprimento. Faça linhas nas tiras para que a criança possa realizar a atividade de corte. Não desenhe as linhas no sentido do comprimento, mas transversalmente, para que a criança consiga tirar um pedaço inteiro com um só corte. A maneira mais fácil é desenhar linhas paralelas com cerca de 2 centímetros de distância. Traços diagonais são mais difíceis. Quando a criança for mais experiente nesta atividade, é possível reduzir a distância entre os traços. Os pedaços cortados podem ser reutilizados em outras atividades, como o exercício de colagem mencionado anteriormente.

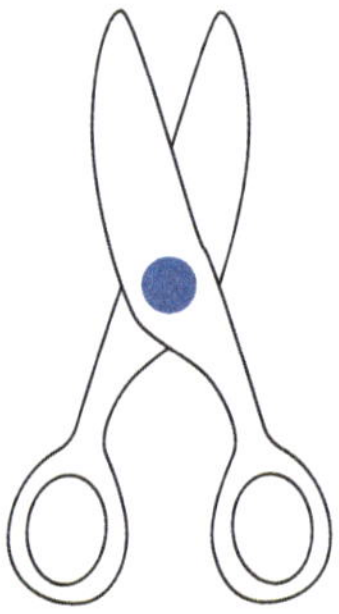

COLOCAR POMPONS EM UMA CAIXA DE OVOS COM PINÇA

O manuseio da pinça requer habilidades motoras finas e fortalece a musculatura das mãos. Evite o uso de pinças pontiagudas e opte por uma versão maior, seja de madeira ou plástico, que seja fácil para a criança segurar com suas mãos pequenas. Coloque diante da criança uma bandeja com uma caixa de ovos vazia, pompons e uma pinça. Mostre como transferir os pompons para a caixa de ovos usando a pinça.
A atividade também pode ser adaptada para um exercício de classificação. Pinte as cavidades da caixa de ovos com cores diferentes e entregue à criança pompons com cores correspondentes.

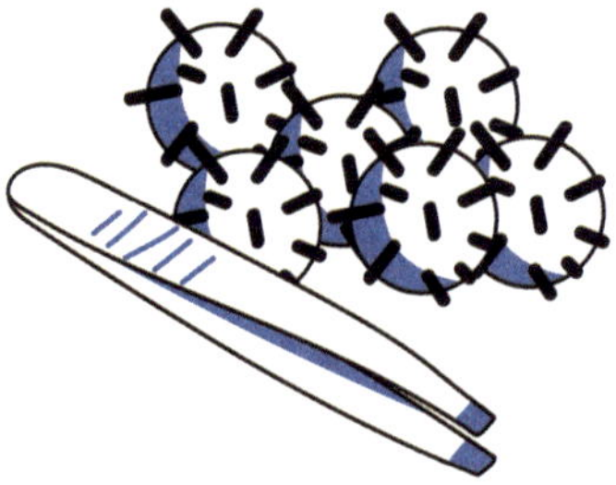

A partir de que idade?
2 anos e meio.
Tempo necessário:
5 minutos.
Preparo: fácil.
O que é promovido?
Habilidades motoras finas e músculos da mão.
Material: pinça, caixa de ovos e pompons.

PRIMEIROS EXERCÍCIOS DE ESCRITA

A partir de que idade?
2 anos.
Tempo necessário:
15 minutos.
Preparo: fácil.
O que é promovido?
Habilidades motoras finas e forma correta de segurar a caneta.
Material: papelão, papel, caneta e, fita adesiva.

A partir dos 2 anos e meio, podem ser oferecidas à criança as primeiras atividades de escrita. Existem muitos livros com diferentes níveis de dificuldade para essa atividade. Os adultos também podem facilmente criar exercícios do mesmo tipo, principalmente para crianças pequenas, que ainda podem errar algumas coisas. Pegue um pedaço de papelão e cole uma folha sobre ele. Na folha, desenhe as linhas que a criança deverá seguir.

Escolha inicialmente linhas simples, sem muitas curvas. Em seguida, cubra a página com uma fita adesiva transparente para embalagens ou papel adesivo. A criança poderá realizar as atividades de escrita com uma caneta hidrográfica, que pode ser facilmente apagada.

PRÁTICA DE TIRO AO ALVO COM BOLA

Esta atividade certamente proporcionará muita diversão à criança. Coloque-a sentada à mesa (preferencialmente uma mesa infantil). Do lado oposto da mesa, fixe copos de papel, lado a lado, com fita adesiva, de modo que a borda superior dos copos fique nivelada com a mesa e não reste espaço entre os copos. A criança pode tentar fazer rolar uma pequena bola ou uma bolinha de gude sobre a mesa, tentando acertar um dos copos. Nesse caso, ela precisa dosar bem a força para não ultrapassar o alvo. Participe da atividade com a criança e transforme-a em uma pequena competição para ver quem consegue acertar mais copos.

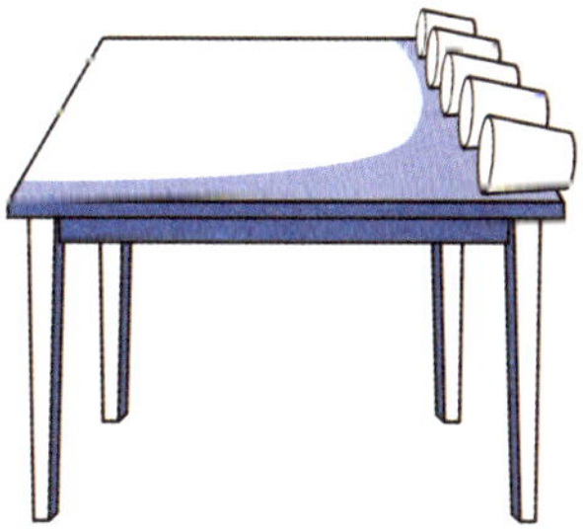

A partir de que idade?
2 anos e meio.
Tempo necessário:
5 minutos.
Preparo: fácil.
O que é promovido?
Atenção, concentração, habilidades motoras finas e habilidade para acertar o alvo.
Material: copo de papel, fita adesiva e bola pequena.

FORMAS E CORES

QUEBRA-CABEÇAS COM PALITOS DE MADEIRA

Essa atividade é uma alternativa aos quebra-cabeças clássicos e é ideal para levar para um restaurante ou viagem de trem, devido ao seu tamanho compacto. Para isso, tenha em mãos:

- palitos de madeira (de picolé ou semelhantes aos usados pelos médicos)
- fita crepe ou fita adesiva
- uma imagem impressa de sua escolha
- cola
- um estilete

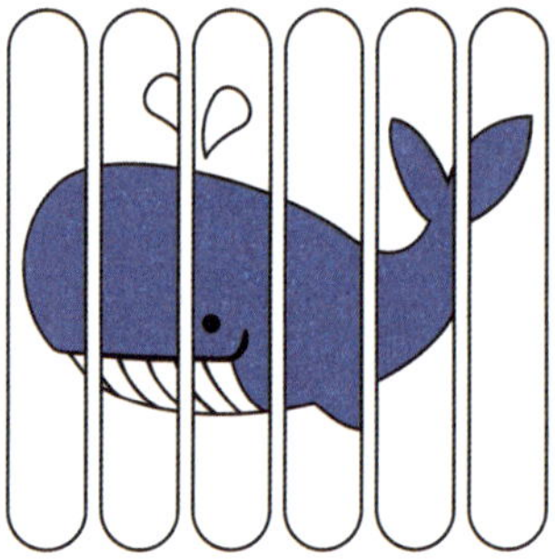

Coloque os palitos de madeira lado a lado e fixe-os com um pedaço de fita adesiva ou fita crepe. Vire os palitos e cole uma imagem neles. Use a criatividade! Você pode imprimir uma imagem da série favorita da criança, usar fotos de membros da família ou figuras de livros descartados. Caso tenha etiqueta adesiva para impressão, é possível imprimir uma imagem nela e fixá-la nos palitos de madeira. Vire os palitos novamente, remova a fita adesiva ou a fita crepe e separe os palitos cuidadosamente com o estilete.
A atividade proporcionará muita diversão para a criança ao montar a imagem.

A partir de que idade?
2 anos.
Tempo necessário:
15 minutos.
Preparo: fácil.
O que é promovido?
Atenção e concentração.
Material: palito de madeira, fita crepe, cola e estilete.

ENCAIXES SÓLIDOS (CILINDROS)

A partir de que idade?
2 anos.
O que é promovido?
Compreensão de espaços ocos, volumes, sequências e estruturas.

Os encaixes sólidos são um brinquedo educacional clássico Montessori, disponível em várias lojas *on-line*. Em geral, são formados por quatro blocos diferentes, cada um com cilindros de encaixe distintos. Cada bloco tem um foco diferente: em alguns, os cilindros têm alturas iguais, mas diferentes diâmetros; em outros, os diâmetros são iguais, mas as alturas dos cilindros variam, e devem ser organizados de forma que, no final, todos fiquem no mesmo nível (altura).

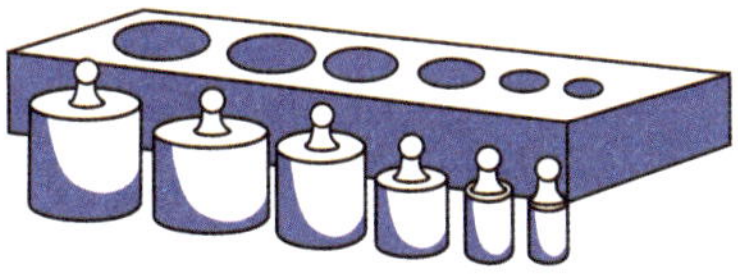

Para começar, ofereça para a criança apenas um bloco de cilindros em uma bandeja. Disponha os cilindros individuais em uma cestinha na bandeja. À medida que a criança ganhar mais confiança nesta atividade, apresente diferentes blocos na bandeja. É aconselhável comprar um conjunto em que todos os cilindros tenham a mesma cor, permitindo oferecer esse nível mais avançado de dificuldade.

DIFERENÇAS DE TAMANHO NAS FORMAS

Recorte diferentes formas de uma cartolina ou papelão (por exemplo, sete triângulos de tamanhos variados). Faça o contorno das formas em uma folha de papel branca, garantindo que todos os contornos fiquem visíveis no final. Coloque a folha em uma bandeja e ofereça as formas recortadas em um recipiente separado. A criança deverá associar as formas aos contornos correspondentes. Isso ajudará a desenvolver a noção de diferentes tamanhos para a mesma forma. A dificuldade pode ser aumentada pela combinação de diferentes formas. As formas também podem ser escondidas em uma caixa sensorial, embaixo de lentilhas ou arroz colorido, para que a criança primeiro procure as peças e, em seguida, faça a associação com os contornos correspondentes.

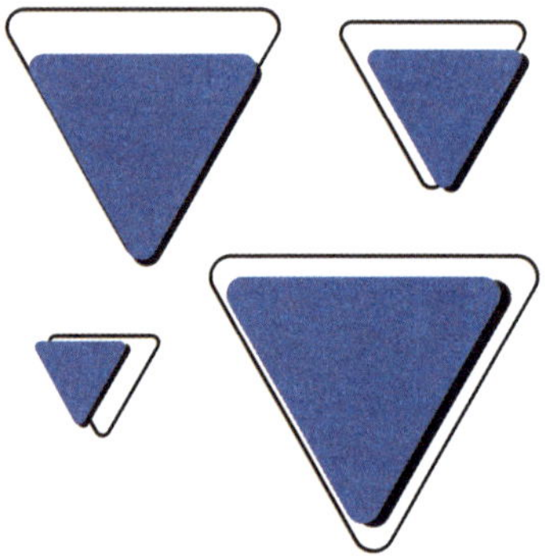

A partir de que idade?
2 anos.
Tempo necessário:
10 minutos.
Preparo: fácil.
O que é promovido?
Percepção de tamanho, atenção e concentração.
Material: papelão, tesoura, papel, bandeja e recipiente.

CONECTAR PONTOS COLORIDOS

A partir de que idade?
2 anos.
Tempo necessário:
5 minutos.
Preparo: fácil.
O que é promovido?
Reconhecimento de cores, classificação e posicionamento correto da caneta.
Material: canetas hidrográficas e papel.

Crie um círculo na folha de papel usando uma caneta hidrográfica para desenhar pontos coloridos. Cada cor deve ser usada exatamente duas vezes. Peça para a criança ligar os pontos da mesma cor.

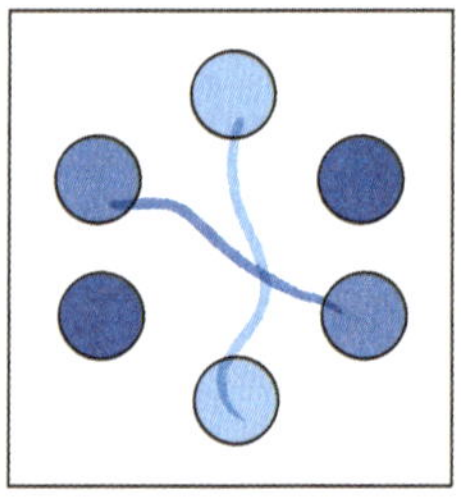

TONS DE CORES

Nesta fase, a criança conhece as cores primárias, é provavelmente capaz de nomeá-las com confiança e, assim, pode ser apresentada a outras tonalidades e nuances. Em uma loja de materiais de construção, é possível obter gratuitamente tabelas de cores, que exibem variações individuais de tons. Os retângulos coloridos podem ser recortados de modo que cada cor fique separada. Com um furador de papel, faça um pequeno furo em cada retângulo. Cole esses pequenos círculos extraídos com o furador em mini pregadores de madeira e peça que a criança os coloque nos retângulos coloridos correspondentes.

A partir de que idade?
2 anos e meio.
Tempo necessário:
5 minutos.
Preparo: fácil.
O que é promovido?
Compreensão de tons de cores e habilidades motoras finas.
Material: tabela de cores, tesoura, furador de papel e mini pregadores de madeira.

A partir de que idade?
2 anos e meio.
Tempo necessário:
5 minutos.
Preparo: fácil.
O que é promovido?
Percepção das formas.
Material: papel, caneta, recipiente e bandeja.

FORMAS

A criança deverá classificar formas diferentes. Comece com as formas básicas clássicas, como círculo, triângulo e quadrado. Desenhe cada forma em uma folha de papel pequena. Coloque três pequenos recipientes em uma bandeja, como potes de iogurte vazios e rasos. Coloque uma folha em cada recipiente. Agora só faltam as formas correspondentes para a criança classificar. Elas podem ser recortadas em cartolina dura, de cores diferentes ou podem ser as formas de madeira de um jogo de martelar.

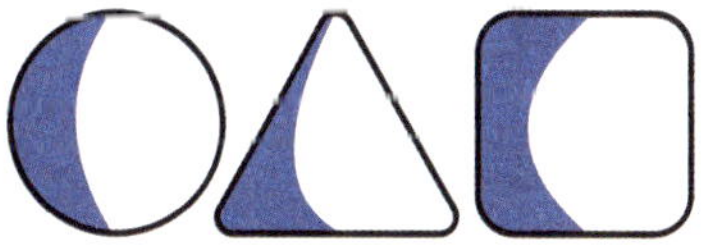

LINGUAGEM E AUDIÇÃO

MEMÓRIA AUDITIVA

Encha recipientes semelhantes e opacos, como frascos de filme fotográfico 35 milímetros, com diferentes materiais, como areia, arroz, água ou uma pérola. Coloque a mesma substância em cada dois recipientes. A criança deverá identificar os frascos correspondentes com base apenas no som. Perceba que a identificação dos recipientes correspondentes apenas pelo som apresenta um desafio surpreendente. A tarefa fica ainda mais difícil ao transformar isso em um jogo de memória, embora essa abordagem seja mais apropriada para crianças um pouco mais velhas.

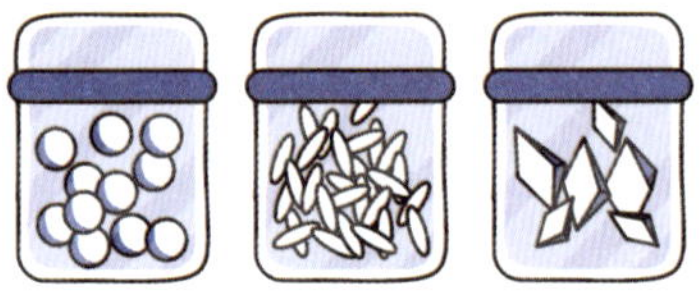

A partir de que idade?
2 anos.
Tempo necessário:
10 minutos.
Preparo: fácil.
O que é promovido?
Audição.
Material: recipientes, arroz, água ou outras coisas.

LISTA DE COMPRAS

A partir de que idade?
2 anos.
Tempo necessário:
15 minutos.
Preparo: fácil.
O que é promovido?
Vocabulário.
Material: papelão e caneta.

Se a criança tiver uma lojinha ou uma cozinha de brinquedo com vários ingredientes, será possível diversificar o jogo de compras pela criação de diferentes listas de compras. Para isso, desenhe os ingredientes correspondentes em um pedaço de papelão (ou cole uma figura impressa) e peça à criança que faça compras conforme a lista. Ao fazer isso, ela aprenderá os nomes dos alimentos mostrados e, ao mesmo tempo, vivenciará uma situação relevante para a vida cotidiana.

CORRESPONDÊNCIA DE SONS INICIAIS

Imprima cartões com imagens de coisas que tenham o mesmo som inicial (por exemplo, mar - mel - milho; arco - amora - areia) e peça que a criança encontre os cartões com o mesmo som. Auxilie a criança nesse exercício pronunciando as palavras em voz alta e enfatizando os sons iniciais de maneira clara. Lembre-se de plastificar ou proteger esses cartões com filme adesivo para garantir maior durabilidade.

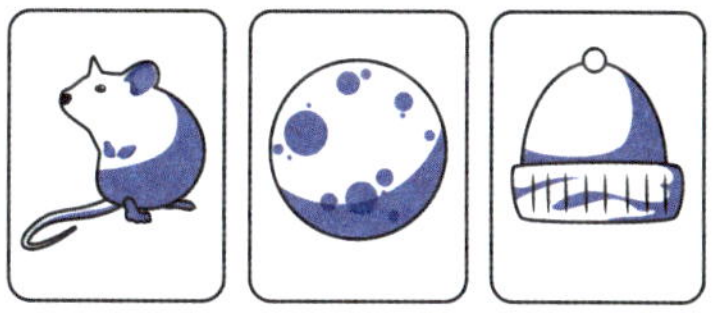

A partir de que idade?
2 anos.
Tempo necessário:
5 minutos.
Preparo: fácil.
O que é promovido?
Compreensão de linguagem.
Material: cartões impressos.

RECONHECIMENTO DE RIMAS

A partir de que idade?
2 anos e meio.
Tempo necessário:
20 minutos.
Preparo: fácil.
O que é promovido?
Compreensão da linguagem.
Material: imagens impressas de objetos que rimem e papelão.

As rimas, presentes em canções e livros infantis, fazem parte do repertório da criança desde a fase de bebê. O aprofundamento da compreensão linguística pode ocorrer por meio da associação de pares de rimas. Imprima imagens de objetos que rimam (por exemplo, casa - asa; gato - pato; coelho - espelho). Para garantir que os cartões durem mais tempo, plastifique-os ou cole-os em cartolina e cubra-os com fita adesiva transparente ou filme adesivo. Comece inicialmente com um número limitado de pares de palavras, como apenas seis imagens diferentes. A quantidade pode ser aumentada gradualmente.

TATO

BOLINHAS DE GEL

As bolinhas de gel são muito populares entre quase todas as crianças. Prepare uma bacia de atividades para a criança com vários utensílios de cozinha, como um funil, colheres, conchas ou até mesmo uma pinça de servir, e deixe-a brincar com as pérolas.

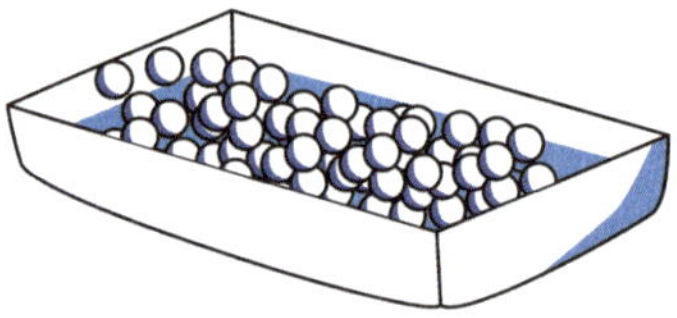

A partir de que idade?
2 anos.
O que é promovido?
Tato.
Material: bolinhas de gel, bacia e utensílios de cozinha.

BONECOS DE ANIMAIS NO GELO

A partir de que idade?
2 anos.
Tempo necessário:
5 minutos.
Preparo: fácil.
O que é promovido?
Habilidades motoras finas, músculos das mãos e planejamento da ação.
Material: animais de brinquedo, água, banheira, recipiente e conta-gotas.

A atividade é especialmente adequada para os dias quentes de verão. Congele os bonequinhos de animais durante a noite em pequenos recipientes. Os brinquedos devem estar completamente cobertos com água. Caso queira, use corante alimentar na água. Retire os brinquedos congelados do recipiente no dia seguinte e ofereça para a criança em uma bacia. Além disso, ofereça também um recipiente com água morna e um conta-gotas. Também é possível optar por um borrifador contendo água morna. Atenção: a água não deve estar quente. A criança, agora, poderá, então, libertar os animais do gelo com essas ferramentas.

BOLSA MÁGICA

Coloque um objeto familiar para a criança em uma sacola de tecido (como um brinquedo ou uma fruta). A criança deverá colocar a mão dentro da sacola e tentar reconhecer o objeto apenas pelo tato.

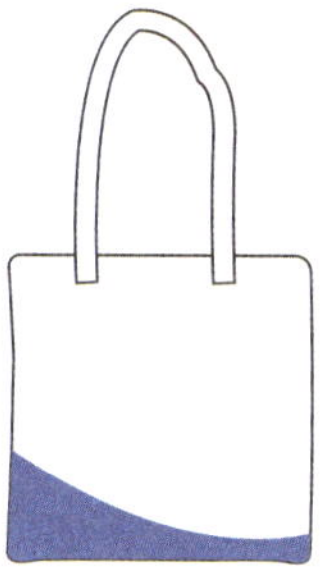

A partir de que idade?
2 anos.

Tempo necessário:
5 minutos.

Preparo: fácil

O que é promovido?
Tato.

Material: sacola de pano e brinquedo.

CAMINHO DESCALÇO

A partir de que idade?
2 anos.

Tempo necessário:
1 hora.

Preparo: médio.

O que é promovido?
Percepção sensorial com os pés.

Material: vigas de madeira, materiais naturais e pistola de cola quente

Para aqueles que têm um jardim à disposição, é possível criar, com o auxílio da criança, um pequeno caminho para que ela possa andar descalça. Delimite pequenos quadrados utilizando pequenas vigas de madeira e preencha-os com uma variedade de materiais, como areia, grama, musgo, pedras grandes ou cascalho. Se não possuir um jardim, é possível criar algo semelhante dentro de casa com a criança. Pegue caixas de papelão recicladas e recorte pedaços grandes de tamanho igual. Fixe diversos materiais nos pedaços de papelão, usando uma pistola de cola quente, como um tapete de grama, tecidos diversos, limpadores de cachimbo dispostos lado a lado, pompons posicionados de forma compacta etc. A criança poderá caminhar sobre ele com os pés descalços.

DESENHO COM SAL

Para essa atividade, são necessários cola, cartolina preta, sal, corante alimentar e um conta-gotas. A criança pode passar cola em um desenho e, em seguida, polvilhar bastante sal sobre ele. Sacuda a cartolina para retirar o excesso de sal e deixe secar. Mais tarde, o sal poderá ser tingido, com a aplicação de corante alimentar com um conta-gotas. Uma obra de arte única!

A partir de que idade?
2 anos.
Tempo necessário:
5 minutos.
Preparo: fácil.
O que é promovido?
Habilidades motoras finas.
Material: cola, papel colorido, sal, corante alimentar e conta-gotas.

MEMÓRIA TÁTIL

A partir de que idade?
2 anos.
Tempo necessário:
5 minutos.
Preparo: fácil.
O que é promovido?
Tato.
Material: diferentes tecidos, pedaços de madeira e cola.

Para essa atividade de memória tátil, serão necessários diferentes tecidos e pedaços de madeira do mesmo tamanho ou pequenas tigelas de madeira. Pode-se utilizar diferentes materiais como lixa, jeans, veludo, lã ou papel alumínio. Cole o mesmo tipo de tecido na parte inferior de dois pedaços de madeira e tente encontrar os pares correspondentes junto com a criança. A atividade fica mais difícil quando é transformada em um jogo da memória.

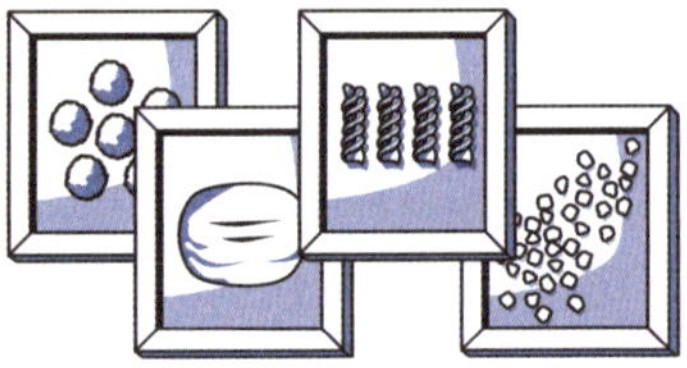

TREINAMENTO COGNITIVO

RECONHECIMENTO DOS FILHOTES DE ANIMAIS

Pesquise na internet imagens de animais e seus respectivos filhotes. Imprima essas imagens em cartões, plastifique-os e peça que a criança encontre os pares correspondentes. A atividade fortalecerá o vocabulário da criança. Ao mesmo tempo, pode-se incluir alguns pares mais desafiadores, como girino e sapo, ovas de peixe e peixe ou lagarta e borboleta.

A partir de que idade?
2 anos.
Tempo necessário:
15 minutos.
Preparo: fácil
O que é promovido?
Conhecimento sobre animais.
Material: fotos impressas de animais.

LOTERIA

A partir de que idade?
2 anos.
Tempo necessário:
15 minutos
Preparo: fácil
O que é promovido?
Atenção, concentração e memória.
Material: fotos impressas, tesouras, pedaços de madeira e cola.

Crie uma loteria. Para isso, serão necessárias seis imagens diferentes para cada jogador. Imprima duas vezes as imagens em duas fileiras, uma abaixo da outra. Uma dessas impressões se tornará o tabuleiro do jogo. Plastifique ou encape as impressões com papel adesivo. Recorte o segundo conjunto de imagens. Plastifique as cartas individuais. Cada jogador recebe um tabuleiro e as cartas individuais são colocadas viradas para baixo entre os jogadores. Em cada rodada, cada jogador pode virar uma carta. Se a imagem estiver no tabuleiro do jogador da vez, a criança a coloca sobre a imagem correspondente. Se a imagem não pertencer ao seu tabuleiro, a carta é devolvida na mesa, virada para baixo.

ALINHAVAR DE ACORDO COM AS CORES

Enfileire contas de cores diferentes e tire uma foto. Imprima, plastifique os cartões e peça para a criança alinhavar as contas conforme o modelo. Entregue a ela os cartões, a linha e as contas.

A partir de que idade?
2 anos e meio.
Tempo necessário:
5 minutos.
Preparo: fácil.
O que é promovido?
Habilidades motoras finas e reconhecimento de padrões.
Material: contas, linha e imagens impressas.

CLASSIFICANDO POMPONS EM *POP-ITS*

A partir de que idade?
2 anos e meio.
Tempo necessário:
20 minutos.
Preparo: fácil.
O que é promovido?
Reconhecimento de padrões, planejamento de ações, concentração e atenção.
Material: pompons, *pop-it*, fotos impressas e bandeja.

Se a criança possui um *pop-it* **[ver página 73]**, ele pode ser utilizado para treinar o reconhecimento de padrões. Coloque pompons em diferentes áreas do *pop-it*. A atividade será mais simples se forem utilizados apenas pompons da mesma cor, assim, a criança precisará apenas encontrar as posições correspondentes. O jogo será mais difícil se forem utilizados pompons de cores diferentes. Tire uma foto do *pop-it* com os pompons. Repita o procedimento variando a posição dos pompons, imprima e plastifique as fotos com papel adesivo. Coloque as imagens com os pompons e o *pop-it* em uma bandeja para que a criança recrie os padrões correspondentes.

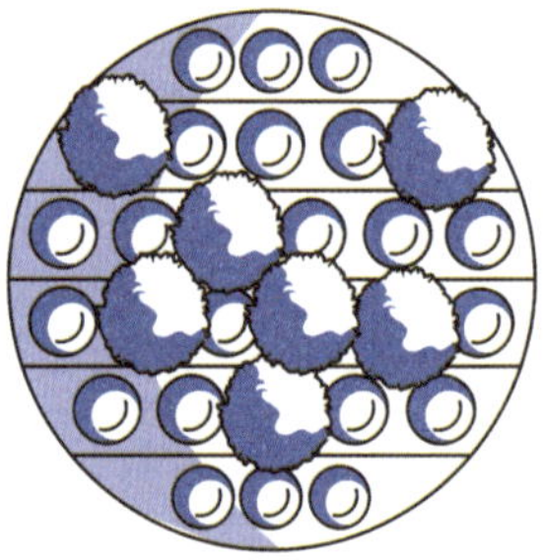

MONTAR O LEGO DE ACORDO COM AS INSTRUÇÕES

A partir dos 2 anos e meio, a criança já consegue montar estruturas simples de blocos seguindo instruções. Tire fotos de estruturas de Lego ou blocos de montar de maneiras diferentes. Imprima, plastifique e ofereça os modelos junto com os blocos que serão utilizados. Então, a criança pode tentar reconstruir as formas dos modelos.

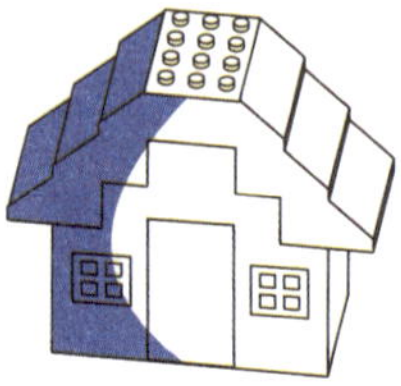

A partir de que idade?
2 anos e meio.
Tempo necessário:
15 minutos.
Preparo: fácil.
O que é promovido?
Reconhecimento de padrões.
Material: Legos ou blocos de montar e imagens impressas.

PALITO DE MADEIRA COM ADESIVOS CIRCULARES

A partir de que idade?
2 anos e meio.
Tempo necessário:
15 minutos.
Preparo: fácil.
O que é promovido?
Reconhecimento de padrões.
Material: palito de madeira, adesivos circulares e estilete.

Para este exercício, são necessários palitos de madeira, adesivos circulares e um estilete. Coloque dois palitos de madeira lado a lado e cole vários adesivos circulares no centro dos dois palitos. Em seguida, separe os palitos, deixando apenas metade dos adesivos circulares em cada palito. Repita esse processo com diferentes padrões. A criança deverá encontrar os palitos de madeira correspondentes e remontar os padrões.

CONTAGEM

Algumas crianças já sabem contar até dez aos 2 anos de idade. Geralmente, essa sequência numérica é apenas memorizada, e ainda não há uma compreensão real de quantidade. O início dessa compreensão pode ser incentivado com este exercício, proporcionando, ao mesmo tempo, uma introdução aos números. Nesse caso, é necessário ter alguns recipientes rasos e vazios, como tigelas de madeira ou plástico, ou copos vazios de iogurte. Coloque um pedaço de papel com um número no recipiente e desenhe embaixo dele a quantidade correspondente de pontos. Ofereça à criança os recipientes com pompons (ou contas, bolinhas de gude ou algo semelhante). Peça para ela colocar a quantidade correspondente de pompons em seu recipiente respectivo. Não hesite em ajudá-la a contar.

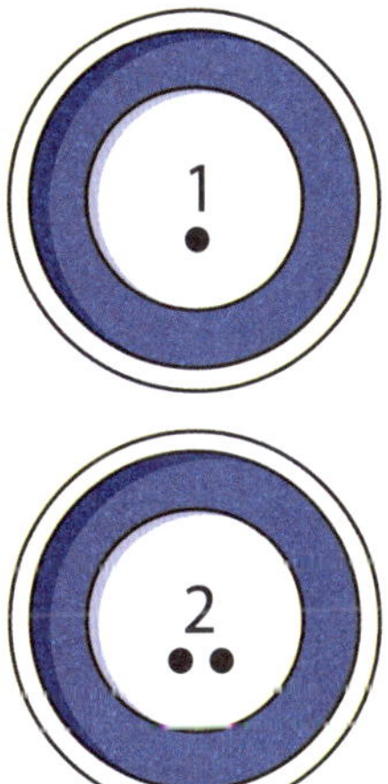

A partir de que idade?
2 anos e meio.
Tempo necessário:
5 minutos.
Preparo: fácil.
O que é promovido?
Compreensão de números e quantidades, e reconhecimento dos números.
Material: recipientes vazios, pequenos pedaços de papel, caneta e pompons.

ATIVIDADES DA VIDA PRÁTICA

DESPEJAR LÍQUIDOS

A partir de que idade?
2 anos.
Tempo necessário:
5 minutos.
Preparo: fácil.
O que é promovido?
Despejar, concentração, habilidades motoras finas e autonomia.
Material: copos e bandeja.

A criança já está familiarizada com exercícios que envolvem despejar líquidos, e provavelmente já consegue encher seu próprio copo com uma pequena jarra. É possível ajudar a criança a aperfeiçoar essa habilidade. Coloque quatro a cinco copos lado a lado em uma bandeja. Desenhe uma linha horizontal em torno de cada copo (em alturas diferentes para cada um deles). A criança deve, então, enchê-los de água até alcançar essa linha. Recomenda-se realizar essa atividade em uma superfície com azulejos, caso aconteça de derramar. Essa prática não somente oferece um excelente exercício motor, como contribui para facilitar as atividades cotidianas da criança.

ASSANDO JUNTOS

As crianças adoram ajudar a cozinhar. Fazer um bolo junto com os pais, por exemplo, pode elevar a autonomia da criança mediante o desfrutar de um ambiente preparado. Antecipe as quantidades necessárias e faça a distribuição dos ingredientes em tigelas separadas. Se a criança já estiver bastante confiante em despejar líquidos, marque, se desejar, uma linha em um copo medidor para indicar a quantidade de água ou leite que ela deve colocar no recipiente. Organize os ingredientes individuais em fileiras e numere-os consecutivamente. Em seguida, a criança poderá misturar os ingredientes e, com auxílio, usar o batedor de ovos na massa. Há, no mercado, batedores mecânicos adequados para crianças e conjuntos de utensílios infantis para assar alimentos, que incluem instruções visuais e colheres de medida coloridas, possibilitando que crianças menores sigam as etapas de maneira relativamente independente.

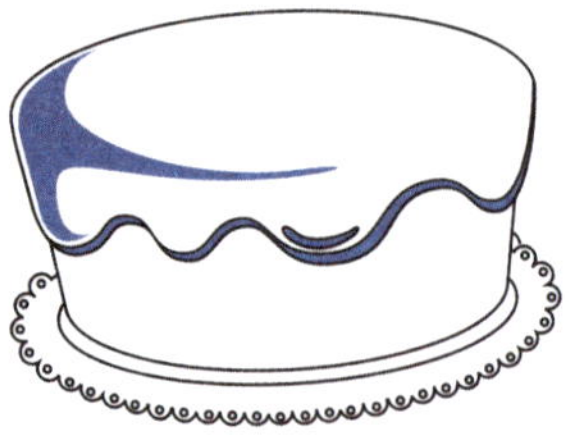

A partir de que idade?
2 anos.
Tempo necessário:
5 minutos.
Preparo: fácil.
O que é promovido?
Autonomia, seguir instruções e habilidades motoras finas.
Material: ingredientes, para bolo, tigelas e batedor de ovos.

VARRER

A partir de que idade?
2 anos.
Tempo necessário:
5 minutos.
Preparo: fácil.
O que é promovido?
Habilidades motoras finas e autonomia.
Material: fita crepe, arroz e vassoura pequena.

Quando algo é derramado, pode-se pedir que a criança ajude a varrer o chão. Em uma espécie de ensaio, pode-se garantir que a criança aprenda a varrer com precisão. Com a fita crepe, desenhe no chão um quadrado de aproximadamente 20 x 20 centímetros e espalhe algo ao lado para que seja varrido (arroz, por exemplo). Peça à criança que varra o conteúdo para dentro do quadrado. Entregue para ela uma vassoura infantil ou uma pequena vassoura de mão. No último caso, também é possível realizar o exercício em uma bandeja grande ou em uma bacia rasa com um quadrado um pouco menor.

PENEIRAR CONCHAS

Encha uma pequena bacia com areia e esconda conchas e pedras nela. Entregue à criança a bacia, uma peneira pequena e um recipiente vazio. Ela pode peneirar apenas os objetos. Isso requer um movimento controlado do pulso e do antebraço, que, inicialmente, pode parecer um pouco incomum para a criança.

A partir de que idade?
2 anos.
Tempo necessário:
5 minutos.
Preparo: fácil.
O que é promovido?
Habilidades motoras finas e atenção.
Material: bacia, conchas do mar, peneira e pedras.

ABOTOAR

A partir de que idade?
2 anos.
Tempo necessário:
15 minutos.
Preparo: fácil.
O que é promovido?
Habilidades motoras finas.
Material: feltro, botões
e tesoura.

A criança já consegue operar diferentes tipos de fechos. No entanto, o ato de abotoar é uma tarefa de motricidade fina desafiadora, que requer prática. No método Montessori, existem quadros de fechos nos quais as crianças podem praticar com diferentes tipos de fechos. No entanto, eles podem ser bastante caros, e criar um requer habilidades artesanais. Como alternativa, pode-se introduzir o ato de abotoar com o uso do feltro. Pegue uma faixa de feltro mais grossa, com cerca de 5 centímetros de largura. Costure nela três ou quatro botões de tamanhos diferentes. Recorte círculos de outra peça de feltro e faça uma fenda em cada um deles. A criança pode, então prender os círculos nos botões.

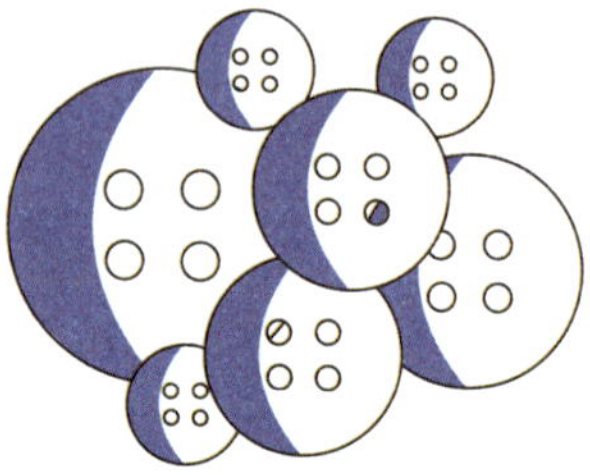

FACA INFANTIL

Deixe a criança utilizar um cortador ondulado para picar frutas e legumes. A partir dos 2 anos, os pais já podem começar a apresentá-las gradualmente ao uso de facas mais afiadas. Inicialmente, use apenas facas sem corte e, com o tempo, passe para facas mais afiadas. A criança já pode ajudar a cozinhar. No início, use facas específicas para crianças, que não cortam a pele, mas, com a aplicação da pressão adequada e movimentos de vaivém, conseguem cortar vegetais pequenos. As facas devem ser utilizadas apenas sob supervisão e com o estabelecimento de algumas regras iniciais. As facas não devem ser levadas à boca ou lambidas, e não devem ser balançadas de forma descontrolada.

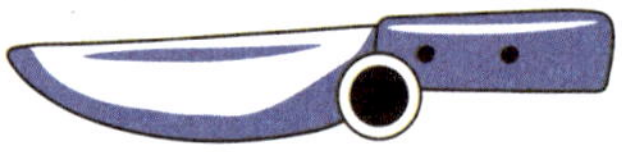

A partir de que idade?
2 anos e meio.
Tempo necessário:
5 minutos.
Preparo: fácil.
O que é promovido?
Compreensão de números e quantidades e reconhecimento dos números.

CARTÕES DE COSTURA

A partir de que idade?
2 anos e meio.
Tempo necessário:
10 minutos.
Preparo: fácil.
O que é promovido?
Habilidades motoras finas e competências manuais.
Material: cartolina resistente, caneta, furador de papel, agulha de plástico e lã.

Apresente à criança a prática do bordado desenhando um motivo simples (mas não muito complicado) em uma cartolina resistente. Use um perfurador para fazer furos ao longo das linhas do desenho em intervalos regulares. Demonstre como conectar as linhas usando técnicas de costura com uma agulha de plástico sem ponta e lã. Usando os orifícios pré-perfurados com o desenho voltado para a frente, a criança deve inserir a agulha em um furo na parte superior e, em seguida, levá-la até o próximo furo pela parte de trás do desenho. Depois, a agulha é inserida de baixo para cima no próximo furo e novamente desce pelo primeiro. Continue esse processo nos furos subsequentes. No final, corte o fio e amarre um nó na parte de trás. Essa técnica é interessante, por exemplo, para criar, junto com a criança, um cartão de aniversário especial. O resultado será motivo de orgulho para a criança. Como alternativa, é possível encontrar na internet cartões de costura feitos de madeira.

CONSIDERAÇÕES FINAIS

Esperamos que as sugestões de atividades apresentadas neste livro tenham contribuído para incentivar seu filho, promovendo a motivação e a iniciativa da criança no processo de aprendizado. As crianças são naturalmente curiosas e adoram aprender. Essas características maravilhosas podem ser incentivadas e acompanhadas com materiais cuidadosamente selecionados. Em um processo de aprendizado bem-sucedido, as crianças preservam o gosto pelo conhecimento. Elas reconhecem e desenvolvem seus pontos fortes, enquanto, ao mesmo tempo, respeitam e trabalham seus pontos fracos. Os erros são vistos como uma parte valiosa do processo de aprendizagem.

A singularidade de cada criança é reconhecida pelos pais por meio da observação e da reflexão constantes, que lhes permitem acompanhar o processo de aprendizado da criança. Assegura-se, assim, que ela possa se desenvolver livremente no processo de aprendizado. Ao guiarem-se pelos interesses e pelas curiosidades da criança, os pais permitem que ela assuma a liderança no processo de aprendizagem. No entanto, a criança nunca é deixada sozinha, pois os pais a acompanham de perto e permitem que ela aprenda de forma autônoma.

Ao fazer isso, os pais estão ajudando a criança a crescer como um adulto independente, autônomo e responsável, capaz de assumir responsabilidades e consciente de seu papel na comunidade.

Simultaneamente, este livro tem por objetivo oferecer uma perspectiva sobre a singularidade dos primeiros anos de vida de uma criança. Esse período costuma ser desafiador para os pais. Ainda assim, está repleto de oportunidades, pois possibilita o estabelecimento de diretrizes cruciais para o futuro da criança.

No entanto, o método Montessori é um movimento global, que não se limita aos primeiros 3 anos de vida. O que significa que é possível viver de acordo com os princípios Montessori ainda que a criança não frequente uma escola ou uma instituição Montessori. Há muitas sugestões para ideias de jogos ou de como decorar a casa para crianças mais velhas.

Os livros *O bebê Montessori: Guia para criar bebês com amor, respeito e compreensão* e *A criança Montessori: Guia para educar crianças curiosas e responsáveis*, de Simone Davies, oferecem um entendimento aprofundado da teoria Montessori. Nesses livros, é possível aprender sobre a implementação prática do trabalho de base teórica.

Na internet, há também diversas fontes de inspiração disponíveis. Para pesquisas específicas, plataformas como o Pinterest ou Instagram podem ser bastante úteis. Em muitos outros sites, é possível encontrar uma infinidade de produtos Montessori. À medida que a criança se desenvolve e faz a transição de materiais concretos para abstratos, é possível, por exemplo, criar cartões para o aprendizado da leitura, que podem ser plastificados para se tornarem mais duráveis. Contudo, mesmo para crianças mais velhas, muitas atividades podem ser criadas em casa.

Alguns blogs e sites também oferecem bons materiais e informações úteis para explorar o universo Montessori.

Mantenha a curiosidade e vivencie essa fase intensa de aprendizado com a criança. Assim, ela se beneficiará da orientação dos pais e terá a oportunidade de assumir a liderança de seu próprio processo de aprendizagem.

Este livro foi impresso pelo Lar Anália Franco (Grafilar)
nas fontes Boston e Josefin Sans sobre papel Offset 90 g/m²
para a Caminho Suave no outono de 2024.